Serpiente Ascendente: Una Guía para el Despertar de la Kundalini

Desbloqueando el Poder Interno y la Transformación Espiritual

Mateo Ramirez

Tabla de contenidos

INTRODUCCIÓN

En las tranquilas profundidades de la exploración espiritual, "Serpiente Naciente" es una luz guía en el camino transformador del Despertar de la Kundalini. Este profundo libro invita tanto a los buscadores como a los entusiastas a embarcarse en un viaje iluminador, profundizando en la antigua práctica de Kundalini y desbloqueando el poder interior que reside en su interior.

A medida que el mundo busca conexiones más profundas con el yo espiritual, "Rising Serpent" abre una puerta de entrada a profundos reinos internos. Este libro no es simplemente una guía; es una hoja de ruta para comprender y aprovechar la potente fuerza de Kundalini, una energía sagrada enroscada dentro de cada individuo, esperando ser despertada y aprovechada para la evolución espiritual.

La introducción se despliega como el despertar de la serpiente misma, revelando gradualmente la esencia del Kundalini y su potencial transformador. Invita a los lectores a explorar los paisajes místicos del yo interior, donde yace la serpiente dormida, preparada para ascender y desatar la vitalidad espiritual.

"Serpiente Ascendente" presenta los principios fundamentales del Despertar de la Kundalini, enfatizando la profunda conexión entre el cuerpo, la mente y el espíritu. La narración se teje a través del tapiz histórico y cultural de las prácticas de Kundalini, ofreciendo una visión de los diversos métodos empleados por las tradiciones espirituales antiguas y contemporáneas.

Los lectores son guiados a través de prácticas y técnicas diseñadas para despertar y equilibrar la energía Kundalini a medida que se desarrollan las páginas. "Rising Serpent" no es solo un manual, sino una invitación a emprender una aventura que cambiará la vida donde la energía serpentina se eleva, desbloqueando el poder interior e iniciando una metamorfosis espiritual.

Acompáñanos en esta exploración inmersiva, donde la antigua sabiduría de Kundalini se encuentra con las aspiraciones del buscador moderno. "Rising Serpent" es un compañero para aquellos en el camino del despertar espiritual, proporcionando ideas, orientación y las claves para desbloquear la energía dormida en su interior, fomentando una profunda transformación espiritual.

CAPÍTULO I

Entendiendo la Energía Kundalini

Explorando los orígenes y la historia de la Kundalini

La fuerza mística y espiritual conocida como kundalini, que se cree que permanece latente en la base de la columna vertebral, tiene una larga historia en varias sociedades antiguas. Esta sección explora los orígenes y la historia de la Kundalini, rastreando su desarrollo a través del hinduismo y los rituales tántricos y su integración en las prácticas espirituales modernas. El viaje de Kundalini está marcado por la evolución cultural, las interpretaciones filosóficas y las experiencias transformadoras asociadas con su despertar.

Las primeras referencias a Kundalini se pueden encontrar en las antiguas escrituras hindúes, particularmente en los Upanishads. Estos textos sagrados describen una serpiente enroscada, que representa la energía divina dormida, que reside en la base de la columna vertebral en el Chakra Muladhara. El concepto está estrechamente relacionado con la creencia hindú más amplia en el intrincado sistema de energía dentro del cuerpo humano, conocido como el sistema de chakras. Kundalini, en este contexto, se considera la fuerza vital primordial que, cuando se despierta, conduce a la iluminación espiritual.

Las tradiciones tántricas de la antigua India desempeñaron un papel fundamental en la formación y expansión de la comprensión de la Kundalini. El Tantra, que significa "telar" o "urdimbre", abarca una amplia gama de prácticas espirituales con el objetivo de lograr la unión con lo divino. La Kundalini es un elemento central en la filosofía tántrica, donde se presenta como una fuerza poderosa capaz de transformar la conciencia del practicante. Los textos tántricos, como el "Yoga-Kundalini Upanishad" y el "Hatha Yoga Pradipika", proporcionan instrucciones detalladas sobre técnicas para despertar y canalizar la energía Kundalini.

La representación de Kundalini a menudo involucra simbolismos e imágenes intrincadas, lo que contribuye a su mística. La serpiente enroscada es un motivo recurrente, que simboliza el potencial latente dentro de cada individuo. Además, Kundalini se representa como una diosa, a menudo llamada Shakti, que simboliza la energía femenina divina. Este simbolismo refleja la unión de Shiva, que representa la conciencia, con Shakti, que representa la energía, enfatizando el equilibrio armonioso necesario para el despertar espiritual.

La integración de la Kundalini en diversas prácticas de yoga ha sido un aspecto significativo de su evolución histórica. El despertar de la Kundalini se puede abordar de manera holística con el yoga, una práctica diversa que incluye posturas físicas, control de la respiración y meditación. El Kundalini Yoga se enfoca explícitamente en técnicas para estimular y guiar la energía ascendente. El Kundalini Yoga incorpora movimientos dinámicos, respiración (pranayama) y meditación, creando un sistema integral para facilitar el despertar y el flujo armonioso de la energía Kundalini.

Si bien Kundalini se asocia más comúnmente con el hinduismo, se pueden encontrar ecos de conceptos similares en otras tradiciones orientales. En el budismo, el concepto de canales de energía sutil, o nadis, es paralelo a la idea del ascenso de Kundalini a través de los chakras. Además, la alquimia taoísta en China explora el cultivo interno de la energía, asemejándose a los procesos transformadores asociados con el despertar de la Kundalini. Estas conexiones interculturales resaltan el poder espiritual universal y los temas de transformación presentes en las antiguas tradiciones de sabiduría.

El viaje del despertar de la Kundalini tiene desafíos y riesgos. Muchos textos antiguos enfatizan la importancia de un guía o gurú experto para navegar por las complejidades de las experiencias de Kundalini. Las personas pueden encontrar dificultades físicas, emocionales o psicológicas durante el proceso de despertar sin la orientación adecuada. La intensidad de las experiencias de Kundalini varía, y mientras que algunos reportan profundas percepciones espirituales y una mayor conciencia, otros pueden enfrentar sensaciones abrumadoras que pueden ser desorientadoras.

En el siglo XX, Kundalini experimentó un resurgimiento del interés en el contexto del movimiento de la Nueva Era. Los buscadores espirituales occidentales, atraídos por las filosofías orientales, comenzaron a explorar la Kundalini como un camino hacia una conciencia superior y una transformación personal. Las enseñanzas de líderes espirituales como Swami Sivananda, Yogi Bhajan y Gopi Krishna popularizaron las prácticas de Kundalini en Occidente. Con sus movimientos dinámicos y su énfasis en despertar la energía dormida, el Kundalini Yoga se convirtió en una forma prominente de yoga en los países occidentales.

Si bien la Kundalini está profundamente arraigada en las tradiciones espirituales y metafísicas, algunas perspectivas contemporáneas buscan comprender sus fenómenos a través de una lente científica. Neurocientíficos y psicólogos exploran los aspectos fisiológicos y psicológicos de las experiencias de Kundalini, intentando desmitificar los procesos transformadores asociados con su despertar. Algunos investigadores sugieren que las experiencias de Kundalini pueden estar relacionadas con estados alterados de conciencia, neuroplasticidad y la liberación de ciertos neurotransmisores.

En resumen, la historia y los orígenes de la Kundalini están intrincadamente entrelazados dentro del rico tejido de las antiguas tradiciones orientales, donde apareció por primera vez como una idea profunda que representa la fuerza espiritual innata que yace latente dentro de cada persona. Desde sus raíces en el hinduismo hasta su integración en las prácticas tántricas, la Kundalini ha experimentado un viaje transformador, influyendo en diversas disciplinas espirituales. El simbolismo, las imágenes y las prácticas asociadas con la Kundalini continúan cautivando a los buscadores espirituales tanto en contextos tradicionales como modernos. A medida que Kundalini encuentra resonancia en diversos paisajes culturales y espirituales, su exploración invita a los individuos a profundizar en las profundidades de su conciencia en busca del despertar espiritual y la autorrealización.

La naturaleza de la energía Kundalini

Las tradiciones espirituales mantienen firmemente la energía kundalini, un poder misterioso que se cree que permanece latente en la base de la columna vertebral. Estudiar Kundalini significa explorar su núcleo esotérico, su potencial curativo y su influencia significativa en el desarrollo espiritual de una persona. Esta sección profundiza en la naturaleza de la energía de Kundalini, observando sus rasgos, significados y los eventos que cambian la vida que vienen con su despertar.

La naturaleza de Kundalini a menudo está simbolizada por una serpiente enroscada que reside en el Chakra Muladhara, ubicado en la base de la columna vertebral en el sistema energético humano. Este simbolismo es omnipresente en las tradiciones hindúes y tántricas, donde la serpiente enroscada representa un potencial espiritual latente que espera ser despertado. La serpiente es un símbolo poderoso y primigenio, que encarna la naturaleza cíclica de la vida, la muerte y el renacimiento. Además, Kundalini a menudo se personifica como una diosa, comúnmente conocida como Shakti, que representa la energía femenina divina. La unión de Shiva, que simboliza la conciencia, con Shakti, que indica poder, ilustra el equilibrio armonioso requerido para el despertar espiritual. El simbolismo que rodea a Kundalini enfatiza el viaje transformador desde la latencia hasta la ascensión, reflejando los patrones cíclicos inherentes al mundo natural.

Comprender la naturaleza de la energía Kundalini implica profundizar en la anatomía energética del cuerpo humano, particularmente en el sistema de chakras. En la filosofía hindú y yóguica, los chakras se consideran centros de energía que se alinean a lo largo de la columna vertebral, cada uno asociado con cualidades y aspectos específicos de la experiencia humana. En la base, se cree que el Chakra Muladhara es el asiento de la energía Kundalini. A medida que la serpiente dormida despierta, asciende a través de los Chakras, atravesando cada uno y desatando su poder transformador. Los Chakras sirven como puertas de entrada para el flujo de energía. Se cree que el despertar de Kundalini limpia y activa estos centros de energía, lo que conduce a una mayor conciencia y a un despertar espiritual.

La naturaleza de la energía de Kundalini está estrechamente ligada a su potencial transformador. El despertar de la Kundalini es una experiencia profunda y transformadora, que conduce a la iluminación espiritual y a una profunda conexión con lo divino. Las intensas experiencias físicas, emocionales y espirituales a menudo marcan el viaje transformador. Los practicantes describen experimentar calor, oleadas de energía, vibraciones y una mayor conciencia de su ser interior. Se cree que una vez despierta, la energía Kundalini eleva y purifica la conciencia del individuo, permitiéndole liberarse de las limitaciones de su ego y ascender a estados superiores de conciencia. Kundalini es una fuerza transformadora única y desafiante, que requiere un sólido compromiso con la introspección y el desarrollo espiritual.

La naturaleza de la Kundalini se explora y aprovecha a través de varias prácticas yóguicas, siendo el Kundalini Yoga una disciplina específica dedicada a despertar y canalizar esta potente energía. El Kundalini Yoga incorpora movimientos dinámicos, trabajo de respiración (pranayama), meditación y canto para estimular y guiar la energía ascendente de Kundalini. Las técnicas empleadas en Kundalini Yoga están diseñadas para despertar a la serpiente dormida, alentando su ascenso ascendente a través de los Chakras. A medida que los practicantes se involucran en estas prácticas, su objetivo es cultivar una mayor conciencia y una experiencia directa del poder transformador de la energía Kundalini.

Si bien el potencial transformador de la Kundalini es profundo, la naturaleza de su despertar no está exenta de desafíos y riesgos. La intensa energía liberada durante las experiencias de Kundalini puede abrumar a los individuos, lo que lleva a dificultades físicas, emocionales y psicológicas. Algunos practicantes pueden enfrentarse a movimientos involuntarios, emociones apasionadas o estados alterados de conciencia que pueden ser desorientadores. En muchas tradiciones espirituales se enfatiza la guía adecuada de maestros o gurús experimentados para navegar los desafíos asociados con el despertar de la Kundalini. Sin guía, la naturaleza transformadora de Kundalini puede convertirse en un arma de doble filo, exigiendo un delicado equilibrio entre la exploración y la garantía del propio bienestar.

La naturaleza de la energía Kundalini se extiende más allá de las prácticas y tradiciones individuales, revelando la interconexión y los temas universales en varias tradiciones espirituales y místicas. Si bien la Kundalini ocupa un lugar destacado en el hinduismo y las tradiciones tántricas, se pueden encontrar ecos de conceptos similares en el budismo, el taoísmo y las tradiciones esotéricas occidentales. Los temas universales de la energía sutil, el despertar espiritual y el viaje transformador son evidentes en las diversas formas en que las diferentes culturas y caminos espirituales conceptualizan y exploran la Kundalini. Esta interconexión sugiere un reconocimiento compartido de la naturaleza profunda de la conciencia humana y su potencial de expansión y evolución.

En la era moderna, las exploraciones científicas han buscado comprender la naturaleza de las experiencias de Kundalini a través de la lente de la neurociencia y la psicología. Los investigadores intentan desmitificar los aspectos fisiológicos y psicológicos del despertar de la Kundalini, considerándolo una vía potencial para explorar los estados alterados de conciencia. Algunas personas sugieren que la neuroplasticidad, las alteraciones en la actividad cerebral y la liberación de neurotransmisores podrían estar relacionadas con las sensaciones profundas asociadas con la Kundalini. La investigación muestra un creciente interés en cerrar la brecha entre las experiencias espirituales y los métodos empíricos de investigación científica, a pesar de que la comprensión científica de Kundalini aún está en su infancia.

En conclusión, la naturaleza de la energía Kundalini es un concepto multifacético y profundo que trasciende las fronteras culturales, religiosas y filosóficas. Simbolizada por la serpiente enroscada y representada como una fuerza transformadora, Kundalini encarna el potencial para el despertar espiritual y la conciencia elevada. Ya sea explorada a través de antiguas tradiciones hindúes y tántricas, integrada en prácticas yóguicas como el Kundalini Yoga, o considerada desde una perspectiva científica, la esencia del Kundalini invita a las personas a embarcarse en un viaje transformador interior. A medida que la serpiente despierta y asciende a través de los Chakras, la naturaleza de Kundalini se despliega como una fuerza dinámica que conecta al individuo con los aspectos universales de la conciencia y el potencial ilimitado para la evolución espiritual.

Cómo se manifiesta la energía Kundalini en el cuerpo y la mente

La manifestación de la energía de Kundalini dentro del cuerpo y la mente humanos es una exploración cautivadora de las profundidades de la experiencia espiritual. Arraigada en antiguas tradiciones, se cree que la Kundalini es una fuerza latente enroscada en la base de la columna vertebral, esperando ascender a través de los Chakras, desbloqueando profundas transformaciones. Esta sección profundiza en las intrincadas formas en que se manifiesta la energía de Kundalini, examinando su impacto en las dimensiones físicas, emocionales y mentales del ser de un individuo. Desde las corrientes sutiles dentro de la anatomía energética hasta los estados elevados de conciencia, comprender cómo se manifiesta la Kundalini proporciona una visión de la naturaleza profunda del despertar espiritual.

La energía Kundalini sigue vías energéticas específicas dentro del cuerpo, particularmente a lo largo de la columna vertebral a través de los Chakras. A medida que la energía asciende, atraviesa cada chakra, activando y purificando estos centros de energía. La intrincada danza de Kundalini a través de las vías energéticas corresponde a un viaje transformador, en el que cada Chakra representa diferentes aspectos de la experiencia humana. El Muladhara está asociado con los instintos de supervivencia, mientras que el Sahasrara, el Chakra de la corona, está vinculado a la conciencia superior. La manifestación de Kundalini, a medida que viaja a través de estos centros de energía, produce una profunda integración de las dimensiones física, emocional y espiritual.

Una de las manifestaciones más tangibles de la energía Kundalini es la variedad de sensaciones físicas experimentadas por los practicantes durante su despertar. Estas sensaciones pueden variar ampliamente y a menudo se describen como calor intenso, vibraciones, hormigueo o una sensación de corrientes eléctricas que recorren el cuerpo. A medida que la Kundalini se eleva, estimula el sistema nervioso y activa la energía latente, creando una mayor conciencia del cuerpo físico. La energía también puede conducir a movimientos espontáneos o posturas similares al yoga, conocidas como kriyas, a medida que el cuerpo responde al flujo de Kundalini. Estas manifestaciones físicas no solo indican el despertar de la energía, sino que también sirven como una forma de purificación y equilibrio de las energías sutiles del cuerpo.

La manifestación de Kundalini se extiende más allá del reino físico, influyendo profundamente en el paisaje emocional del practicante. A medida que la energía asciende, se cree que se agita y libera emociones y recuerdos almacenados. Esta intensa liberación emocional puede conducir a la euforia, la felicidad o, por el contrario, la aparición de traumas enterrados durante mucho tiempo. La manifestación de la energía de Kundalini se entrelaza así con la limpieza emocional y la curación, lo que permite a los practicantes confrontar y procesar aspectos no resueltos de su psique. Si bien la liberación emocional puede ser un desafío, es un aspecto esencial del viaje transformador, allanando el camino para una conexión más profunda con las propias emociones y un equilibrio interior más excelente.

En el núcleo de la manifestación de Kundalini está la expansión de la conciencia, ofreciendo a los practicantes una experiencia directa de conciencia acrecentada y visión espiritual. Esta mayor conciencia va más allá de la percepción ordinaria de la realidad, lo que permite a las personas acceder a capas más profundas de perspicacia, intuición y comprensión espiritual. La manifestación de Kundalini en la mente trasciende las limitaciones del ego, proporcionando una conexión directa con los aspectos universales de la conciencia. Esta expansión de la conciencia se describe a menudo como un estado de unidad, donde los límites entre el yo y el mundo externo se disuelven, revelando una profunda interconexión.

La manifestación de Kundalini produce una profunda integración de dualidades dentro del individuo, reconciliando los opuestos y fomentando un sentido de unidad interior. El ascenso de Kunda se describe a menudo como la unión de Shiva y Shakti, que simboliza la fusión de las energías masculinas y femeninas dentro del practicante. Esta integración se extiende a la reconciliación de los aspectos de luz y sombra del yo, lo que conduce a una comprensión más holística del propio ser. La manifestación de la energía Kundalini facilita el equilibrio armonioso de las polaridades, permitiendo a los individuos abrazar todo el espectro de su existencia. Esta integración no sólo es transformadora a nivel personal, sino que también refleja el principio universal de equilibrio y armonía inherente a la Kundalini.

Si bien la manifestación de la energía Kundalini produce experiencias transformadoras, no está exenta de desafíos y aspectos sombríos. La intensificación de las energías y la aparición de emociones profundamente arraigadas pueden provocar incomodidad, agitación emocional o incluso una sensación de pérdida de control. Los aspectos sombríos, a menudo llamados el "síndrome de Kundalini", pueden manifestarse como dificultades físicas o psicológicas, que requieren una navegación cuidadosa y apoyo. Los desafíos asociados con la manifestación de Kundalini resaltan la importancia de una guía adecuada, enfatizando el papel de maestros o gurús experimentados para ayudar a los individuos a navegar por las complejidades del proceso de despertar.

La manifestación de la energía Kundalini se extiende más allá de los momentos de experiencias elevadas durante la meditación o las prácticas de yoga. Se integra gradualmente en la vida diaria del practicante, influyendo en las percepciones, las relaciones y la toma de decisiones. La conciencia expandida y la conciencia acrecentada alcanzada a través de la manifestación de Kundalini fomentan una forma de vida más consciente y presente. Las personas pueden encontrarse más en sintonía con las sutilezas de su entorno, cultivando un profundo sentido de gratitud e interconexión con el mundo. La integración de la Kundalini en la vida cotidiana es un testimonio de su naturaleza transformadora, que influye en el paisaje interno y en la expresión externa del propio ser.

En los últimos años, ha habido un creciente interés en comprender las manifestaciones de la energía Kundalini desde un punto de vista científico. Los neurocientíficos y psicólogos exploran los cambios fisiológicos y psicológicos asociados con las experiencias de Kundalini. Algunos investigadores proponen que las sensaciones y los estados alterados de conciencia pueden estar relacionados con cambios en la actividad cerebral, la liberación de neurotransmisores y la neuroplasticidad. Si bien las perspectivas científicas son valiosas para desmitificar aspectos de las manifestaciones de Kundalini, también subrayan las limitaciones de los enfoques puramente reduccionistas para capturar el espectro completo de experiencias espirituales.

En conclusión, las manifestaciones de la energía Kundalini dentro del cuerpo y la mente tejen un complejo tapiz de experiencias, trascendiendo los límites entre la existencia humana y las dimensiones físicas, emocionales y espirituales. Desde las corrientes sutiles a lo largo de los caminos energéticos hasta la profunda expansión de la conciencia, el impacto de Kundalini es transformador y multifacético. Las sensaciones físicas, la liberación emocional y la integración de dualidades contribuyen al profundo viaje de autodescubrimiento y despertar espiritual. Uno puede entenderse mejor a sí mismo y la interconexión de toda la existencia abrazando las partes de la sombra y navegando por los desafíos presentados por las manifestaciones de Kundalini. Esta exploración invita a las personas a emprender un viaje transformador que va más allá de los límites de la comprensión convencional al fusionar la antigua sabiduría de Kundalini con el estudio científico moderno.

CAPÍTULO II

El Sistema de Chakras

Una mirada en profundidad a los siete chakras

Una exploración en profundidad de los chakras ofrece una comprensión profunda de los centros de energía sutil que forman parte integral de varias tradiciones espirituales y curativas. Se cree que los chakras, llamados así por la palabra sánscrita para "rueda" o "disco", son vórtices de energía giratorios dentro del campo de energía humano. Cada chakra está asociado con cualidades, atributos y aspectos específicos de la experiencia humana, lo que contribuye al equilibrio y bienestar general de un individuo. El concepto de chakras se origina en las antiguas prácticas espirituales indias, particularmente dentro de la tradición del yoga y el sistema de Ayurveda. En esta sección, profundizamos en las características, funciones y significado de cada uno de los siete chakras, desentrañando la intrincada red de energía que conecta las dimensiones física, mental y espiritual de la existencia humana.

El primer chakra, conocido como el Chakra Raíz o Mujadara, se encuentra en la base de la columna vertebral y se asocia con el rojo. Como base del sistema de chakras, Mujadara representa la estabilidad, la seguridad y la conexión primordial con el mundo físico. Gobierna las necesidades básicas de supervivencia como la comida, el refugio y la seguridad. Cuando el Chakra Raíz está equilibrado, las personas se sienten conectadas a tierra, seguras y conectadas con la Tierra. Este desequilibrio de chakras puede manifestarse como miedo, inseguridad o inestabilidad.

Ascendiendo en el sistema de chakras, el segundo chakra es el Chakra Sacro, o Vibhishana, ubicado en la parte inferior del abdomen y asociado con el naranja. Este chakra da creatividad, sensualidad, emoción y bienestar. Un chakra sacro equilibrado fomenta una sensación de placer, alegría y resiliencia emocional. El desequilibrio puede resultar en una falta de pasión, inestabilidad emocional o dificultades creativas. El Chakra Sacro se puede energizar y armonizar a través de actividades como la danza, la expresión artística y el trabajo con cristales anaranjados como la cornalina.

El centro de la fuerza, la determinación y la autoestima de uno es este chakra. Este chakra es el centro del poder personal, la voluntad y la autoestima. Gobierna el sistema digestivo y está ligado al elemento fuego. Un Chak equilibrado del plexo solar permite a las personas afirmarse, establecer límites saludables y perseguir con confianza sus objetivos. Los desequilibrios en este chakra pueden manifestarse como sentimientos de impotencia, baja autoestima o problemas digestivos. Prácticas como la respiración consciente, los ejercicios de fortalecimiento del tronco y los cristales amarillos como el citrino pueden ayudar a equilibrar y activar el chakra del plexo solar.

El Chakra del Corazón gobierna el amor, la compasión y el equilibrio emocional como puente entre los chakras inferior y superior. Está vinculado al elemento aire, simbolizando el aliento de vida y la interconexión. Un Chakra del Corazón equilibrado permite conexiones de corazón abierto, empatía y armonía. Los desequilibrios pueden manifestarse como problemas de confianza, frialdad emocional o dificultad para formar relaciones saludables. Prácticas como las posturas de apertura del corazón, la meditación sobre la compasión y el trabajo con cristales de corazón como el cuarzo rosa pueden apoyar el equilibrio del Chakra del Corazón.

Se encuentra en la zona de la garganta y está conectado con el azul. Este chakra gobierna la comunicación, la autoexpresión y la capacidad de decir la propia verdad. Está ligado al elemento del sonido, enfatizando el poder de dichas palabras. Un chakra de la garganta equilibrado permite una comunicación clara y auténtica, mientras que los desequilibrios pueden provocar dificultades para expresarse, dolencias relacionadas con la garganta o miedo a hablar. Prácticas como el canto, el canto y el uso de cristales del chakra de la garganta como la aguamarina o el ágata de encaje azul pueden ayudar a activar y alinear el chakra de la garganta.

Este chakra gobierna la intuición, la percepción y la sabiduría interior. A menudo conocido como el "asiento del alma", el Chakra del Tercer Ojo está vinculado al elemento de la luz y la glándula pineal. Un chakra del tercer ojo equilibrado mejora las habilidades intuitivas, la perspicacia y la claridad de pensamiento. Los desequilibrios pueden manifestarse como confusión, falta de enfoque o desconexión de la guía interior. Prácticas como la meditación, la visualización y el trabajo con cristales de go como el lapislázuli o la amatista pueden ayudar a activar y sintonizar el Chakra del Tercer Ojo.

Este chakra representa la conexión ritual, la conciencia divina y la integración de todos los aspectos del ser. El Crown Chak es a menudo considerado la puerta de entrada a una mayor conciencia e iluminación. Un Chakra de la Corona equilibrado permite a las personas experimentar una sensación de unidad con el universo y una profunda conexión con lo divino. Los desequilibrios pueden dar lugar a sentimientos de desconexión, apatía espiritual o apego a las actividades mundanas. Prácticas como la meditación, la oración y el trabajo con cristales del chakra de la corona como el cuarzo transparente o la amatista pueden apoyar la activación y alineación del chakra de la corona.

La interconexión de los siete chakras forma un sistema dinámico que refleja la naturaleza holística de la experiencia humana. El equilibrio general del sistema en su conjunto y la salud de cada chakra en particular afectan la forma en que la energía se mueve a través de los centros de energía. Muchas técnicas, como la sanación energética, el tratamiento con cristales, el yoga y la meditación, tienen como objetivo mantener los chakras funcionando de manera armónica. A través del conocimiento de las características de cada chakra, las personas pueden emprender un camino de autodescubrimiento, sanación e iluminación espiritual.

Además, el sistema de chakras sirve como un puente entre las dimensiones físicas y energéticas de la existencia humana. Proporciona un marco para comprender la intrincada interacción entre el cuerpo, la mente y el espíritu. Equilibrar y alinear los chakras promueve el bienestar general, mejora la vitalidad y contribuye a una vida más armoniosa y satisfactoria. Si bien los chakras se originan en antiguas tradiciones espirituales, su relevancia perdura a medida que las personas buscan enfoques holísticos para la salud y la autorrealización en el mundo moderno.

En conclusión, la exploración de los siete chakras revela un fascinante tapiz de centros de energía que dan forma intrincada a la experiencia humana. Desde la estabilidad fundamental del Chakra Raíz hasta la conciencia expansiva del Chakra de la Corona, cada chakra contribuye al bienestar holístico de un individuo. El viaje a través de los chakras implica un proceso continuo de autoconciencia, sanación y evolución espiritual. Las personas pueden emprender un viaje de transformación que equilibre sus aspectos energéticos, emocionales y espirituales y fomente una conexión más profunda con los grandes misterios de la creación al aprender sobre las propiedades, funciones y significado de cada chakra.

Comprender el papel de cada chakra en el despertar de la Kundalini

Comprender el papel de cada chakra en el despertar de Kundalini revela un profundo viaje de evolución espiritual y autorrealización. Kundalini, un término sánscrito para "serpiente enroscada", se refiere a la energía espiritual latente que se cree que reside en la base de la columna vertebral. El despertar de Kundalini a menudo se describe como el ascenso de esta energía a través del canal central de energía, o Sushumna, que está intrincadamente conectado a los siete chakras. Cada chakra actúa como un centro para facetas particulares de la conciencia, y se describe la iluminación, la unión con lo divino y la conciencia elevada que vienen con el despertar de la Kundalini. Esta sección traza el camino de esta poderosa energía espiritual desde la base hasta la parte superior de la columna vertebral energética, examinando los distintos roles que desempeña cada chakra en el proceso de despertar de la Kundalini.

El viaje comienza con el Chakra Raíz, Mujadara, situado en la base de la columna vertebral. Simbolizado por un color rojo vibrante, Mujadara se asocia con las fuerzas primarias de la supervivencia, el arraigo y la conexión con el mundo físico. En el despertar de Kundalini, se dice que la energía de la serpiente dormida reside en este chakra fundamental, enroscada y esperando el viaje transformador que tiene por delante. La apertura y activación del Chakra Raíz sienta las bases para que Kundalini comience su ascensión, estableciendo una sensación de estabilidad, seguridad y conexión con el reino terrenal. Prácticas como las meditaciones de enraizamiento, la visualización y la conciencia plena del bdy contribuyen al despertar inicial de la Kundalini en el Chakra Raíz.

Pasando al segundo chakra, Vibhishana, o el Chakra Sacro, el viaje de Kundalini implica explorar la creatividad, la sensualidad y la fluidez emocional. Vibhishana a menudo se representa con el color naranja y se asocia con el elemento agua. A medida que aumenta la energía de Kundalini, la exploración de las emociones, las relaciones y la expresión creativa se convierte en un punto focal. El despertar en el Chakra Sacro invita a las personas a abrazar su naturaleza sensual e innovadora, fomentando una conexión más profunda con el flujo y reflujo de las experiencias de la vida. Prácticas como la expresión artística, el dan e y la liberación emocional contribuyen a la activación de Kundalini en el Chakra Sacro.

El Chakra del Plexo Solar, Manipura, ubicado en la parte superior del abdomen e irradia energía amarilla brillante, se activa a continuación en la escalada. Este chakra controla la voluntad, el poder y el sentido de identidad. El despertar de Kundalini en Manipura implica transformar el propio sentido de identidad y empoderamiento. A medida que la energía de la serpiente se eleva al plexo solar, los individuos pueden experimentar un mayor sentido de voluntad personal, confianza y la capacidad de manifestar sus intenciones. Prácticas como la respiración, los ejercicios de empoderamiento y la autorreflexión consciente contribuyen a la activación de la Kundalini en el Chakra del Plexo Solar.

A medida que la energía Kundalini se despliega en el Chakra del Corazón, las personas entran en un profundo reino de amor, compasión e interconexión. El ng debilitado en Anahata invita a las personas a trascender los límites personales y abrazar un amor universal que se extiende más allá del yo. La compasión hacia uno mismo y hacia los demás se vuelve fundamental para el viaje de Kundalini en el Chakra del Corazón. Prácticas como la meditación centrada en el corazón, los actos de bondad y las posturas de yoga que abren el corazón contribuyen a la activación de la Kundalini en este centro expansivo y transformador.

Continuando su ascenso, Kundalini alcanza el Chakra de la Garganta, Vasudha, representado por un color azul brillante. El despertar en el Chakra de la Garganta implica la expresión de la verdad auténtica, la comunicación clara y la alineación de las palabras con la postura divina. A medida que Kundalini energiza a Vasudha, los individuos pueden experimentar una profundización de su capacidad para decir su verdad y comunicarse con claridad. El Tercer Chakra se convierte en un portal para expresar la sabiduría divina y manifestar verdades más elevadas. Prácticas como el canto, el canto y la comunicación consciente contribuyen a la activación de la Kundalini en el Chakra de la Garganta.

El viaje se desarrolla aún más mediante la activación del Chakra del Tercer Ojo, Ajna, que se encuentra entre las cejas y a menudo se asocia con el índigo. El despertar de Kundalini en Ajn implica la expansión de las habilidades intuitivas, la visión interior y los estados elevados de conciencia. A medida que la energía de la serpiente termina en el tercer año, los individuos pueden experimentar una mayor claridad, perspicacia y una conexión con los reinos superiores de la conciencia. El Chakra del Tercer Ojo se convierte en una puerta de entrada a la visión espiritual y al conocimiento interior. Prácticas como la meditación, la visualización y las técnicas de despertar de terceros contribuyen a la activación de la Kundalini en Ajna.

La culminación del viaje de Kundalini se encuentra en el Chakra de la Corona, sahasrara, situado en la parte superior de la cabeza y simbolizado por un color violeta o blanco. La apertura del Chakra de la Corona representa la unión de la conciencia individual con la conciencia universal, lo divino y lo infinito. El despertar de Kunalini en Sahasra conduce a la bienaventuranza espiritual, a la trascendencia y a un profundo sentido de unidad con toda la existencia. El Chakra de la Corona se convierte en la puerta de entrada a una mayor conciencia y a la realización de la propia naturaleza divina. Prácticas como la meditación, la oración y la entrega a lo divino contribuyen a la activación de la Kundalini en el Chakra de la Corona.

A lo largo de este viaje, el papel de cada chakra en el despertar de la Kundalini es distinto y significativo. Los chakras sirven como puertas de entrada energéticas a través de las cuales asciende la energía de la serpiente, provocando una profunda transformación de la conciencia y un despertar espiritual. La activación equilibrada de todos los chakras permite el flujo armonioso de la energía Kundalini, fomentando un estado de equilibrio y unidad dentro del individuo.

Es esencial acercarse al despertar de la Kundalini con reverencia, atención plena y una profunda comprensión de su poder transformador. Si bien el viaje puede ser enriquecedor, también puede traer desafíos y la necesidad de una práctica espiritual arraigada y de apoyo. Buscar la guía de maestros experimentados, participar en prácticas que apoyen el equilibrio energético y honrar el ritmo individual del viaje de Kundalini son aspectos cruciales para navegar por este profundo despertar.

En conclusión, comprender el papel de cada chakra en el despertar de la K kundalini proporciona una hoja de ruta para las personas en la evolución espiritual. El viaje desde el Chakra Raíz hasta el Chakra Corona implica la activación y armonización de cada centro energético, allanando el camino para el ascenso de la energía Kundalini. Se puede encontrar una conexión más profunda con uno mismo, con los demás y con lo divino cuando las personas emprenden este camino que cambia la vida, y también pueden experimentar los profundos cambios que vienen con el despertar de la serpiente enroscada en su interior.

Técnicas para equilibrar y alinear los chakras

Equilibrar y alinear los chakras es una práctica holística que busca armonizar el flujo de energía dentro del cuerpo, la mente y el espíritu. El concepto de chakras, originario de las antiguas tradiciones indias, postula que estos centros de energía giratorios influyen en varios aspectos de nuestro bienestar. Cuando los chakras están equilibrados y alineados, contribuyen a la salud física, la estabilidad emocional y el despertar espiritual. Esta sección explora varias técnicas que las personas pueden incorporar a su vida diaria para fomentar el equilibrio y la alineación de los chakras. Una técnica fundamental para el equilibrio de los chakras es la meditación. La meditación proporciona un espacio tranquilo para la autorreflexión y la exploración interior. Las personas pueden identificar áreas de desequilibrio centrándose en el chakra Ach e invitando a la energía curativa a la energía específica que entra. La visualización durante la meditación, como imaginar una luz radiante circulando a través de cada chakra, es un método poderoso para promover la alineación. La práctica constante de la meditación no solo calma la mente, sino que también apoya la vitalidad general y el equilibrio de los chakras.

El trabajo de respiración es otra técnica potente que implica el control intencional de la respiración que influye en el flujo de energía. Pranayama, la práctica yóguica de control de la respiración, ofrece varias técnicas que se dirigen a chakras específicos. Por ejemplo, la respiración diafragmática profunda puede ayudar a equilibrar el Chakra Raíz, mientras que la respiración alterna de las fosas nasales puede armonizar las energías del Tercer Ojo y los Chakras de la Corona. La respiración consciente oxigena el cuerpo y despeja los bloqueos energéticos, facilitando el libre flujo de prana, o energía de fuerza vital, a través de la tiza.

El yoga, que integra posturas físicas, control de la respiración y meditación, es una práctica integral para el equilibrio de los chakras. Cada postura de yoga corresponde a chakras específicos, lo que ayuda a liberar la tensión y estimular el flujo de energía. Las posturas que abren el corazón, como Cam l o Cobra ben, se ajustan al chakra del corazón, mientras que las posturas de conexión a tierra, como la montaña o el árbol, apoyan el chakra raíz. La naturaleza holística del yoga lo convierte en una herramienta eficaz para promover la alineación y el equilibrio general de los chakras.

Otro método que armoniza con las frecuencias vibratorias de los chakras es la terapia de sonido. Los mantras bija, o sonidos distintos, están vinculados a cada chakra. Los chakras pueden armonizarse cantando estos mantras mientras se medita o empleando cuencos tibetanos sintonizados en las frecuencias adecuadas. El sonido tiene un profundo impacto vibratorio que abre los centros de energía y fomenta el equilibrio y la armonía. La terapia de sonido lleva a los chakras a un viaje sonoro, que los invita a realinear y reequilibrar sus frecuencias ideales.

Debido a sus cualidades energéticas, los cristales y las piedras preciosas se han utilizado durante mucho tiempo y son esenciales para el equilibrio de los chakras. Piedras particulares que resuenan con la energía distintiva de cada chakra están vinculadas a él. Por ejemplo, el citrino se corresponde con el chakra del plexo solar, pero la amatista se usa con frecuencia para el chakra de la corona.

Otro método para equilibrar los chakras es la aromaterapia, que utiliza el poder de los aceites esenciales. Ciertas fragancias pueden energizar o calmar los centros de energía; Cada aroma corresponde a un chakra en particular. Por ejemplo, la lavanda está vinculada al Chakra de la Corona, que fomenta la paz y la espiritualidad. La alineación de los chakras se puede lograr a través de un enfoque multisensorial mediante el uso tópico de aceites esenciales, difundiéndolos o incorporándolos a las actividades de meditación.

El masaje y el trabajo corporal contribuyen al chakra Raíz liberando la tensión física y energética almacenada en el cuerpo. Técnicas como la acupresión, la reflexología o el Reiki pueden dirigirse a chakras específicos, promoviendo la relajación y facilitando el flujo de energía. El masaje aborda la tensión física y trabaja sutilmente para armonizar los desequilibrios energéticos dentro del sistema de chakras.

La cromoterapia, o cromoterapia, implica la exposición a colores específicos para influir en los centros de energía. Cada chakra está asociado con un color en particular, e incorporarlos al entorno o a la ropa puede tener un efecto equilibrador. La visualización de colores vibrantes durante la meditación o el uso de filtros de colores en la iluminación son formas adicionales de participar en la terapia de color para la alineación de los chakras.

Las prácticas de movimiento, como la danza o el tai hi, ofrecen enfoques dinámicos para el equilibrio de los chakras. Los movimientos rítmicos y fluidos de estas prácticas estimulan los centros de energía, fomentando la liberación de energía estancada y promoviendo una sensación de vitalidad. En la danza, el movimiento expresivo permite a las personas conectarse con sus emociones y dejar de lado las obstrucciones energéticas que podrían interferir con los chakras.

La conexión con la naturaleza ofrece un método sencillo pero eficaz para equilibrar los chakras. Caminar por el bosque, relajarse junto al mar o simplemente disfrutar de la belleza del mundo natural pueden ser experiencias pacíficas y revitalizantes para los chakras. Se puede recordar gentilmente a las personas que se sintonicen con los ciclos naturales de flujo de energía dentro de sus cuerpos por el equilibrio y la armonía innatos de la naturaleza.

Las prácticas de atención plena, como la alimentación consciente o la caminata consciente, contribuyen al equilibrio de los chakras al desgarrar la conciencia del momento presente. Al prestar atención a las actividades diarias, las personas pueden sintonizarse con las cualidades energéticas asociadas con cada chakra. Las prácticas conscientes ayudan a prevenir la acumulación de estrés y tensión, apoyando la salud general y el equilibrio del sistema de chakras.

El reequilibrio y la alineación de los chakras se logran mediante la canalización de la energía curativa, como en las terapias de sanación energética como el Qi Gong y el Reiki. Los practicantes emplean procedimientos prácticos que guían el flujo de energía para corregir los desequilibrios dentro de los centros de energía. Las sesiones de sanación energética benefician a las personas que buscan un método más enfocado y directo para equilibrar sus chakras.

Escribir un diario sirve como una práctica reflexiva para la conciencia y la alineación de los chakras. Llevar un diario de chakras permite a las personas realizar un seguimiento de sus pensamientos, emociones y experiencias relacionadas con cada ciclo de energía. Las personas pueden implementar prácticas específicas para abordar desequilibrios específicos de los chakras mediante la identificación de patrones y áreas de preocupación. Llevar un diario también proporciona una herramienta valiosa para el autodescubrimiento y la autocuración.

Las terapias holísticas, como el Ayurveda o la Medicina Tradicional China (MTC), ofrecen enfoques integrales para equilibrar los chakras abordando el bienestar físico, emocional, energético y energético. Estos sistemas reconocen la conexión de varios elementos en el cuerpo y brindan recomendaciones personalizadas, que incluyen cambios en la dieta, remedios a base de hierbas y ajustes en el estilo de vida para apoyar la armonía de los chakras.

En conclusión, las técnicas para equilibrar y alinear los chakras son diversas y adaptables, y se adaptan a las preferencias y necesidades individuales. La naturaleza holística de estas prácticas reconoce la intrincada interacción entre las dimensiones físicas, emocionales y espirituales del bienestar. Ya sea a través de la meditación, la respiración, el yoga u otras modalidades, las personas pueden explorar e integrar estas técnicas para fomentar un flujo armonioso de energía dentro del sistema de chakras. Las personas que emprenden este camino de autoconciencia y equilibrio energético se exponen al poder transformador de la alineación de los chakras, sintiéndose más vivas, resilientes emocionalmente y experimentando un despertar espiritual.

CAPÍTULO III

Signos y síntomas del despertar de la Kundalini

Reconocer los primeros signos de activación de la Kundalini

Reconocer los primeros signos de activación de la Kundalini marca el comienzo de un profundo viaje espiritual. Muchas tradiciones antiguas, especialmente las relacionadas con el yoga y la meditación, han valorado y utilizado mucho este método. Kundalini, que se ve con frecuencia en la base de la columna vertebral como una serpiente enroscada, simboliza la energía espiritual que está dormida y necesita despertar. Las personas pueden sentir una variedad de indicadores sutiles pero transformadores cuando esta poderosa fuerza comienza a moverse, proporcionando una mirada al increíble viaje que tenemos por delante. Comprender y reconocer estos primeros signos es esencial para aquellos que recorren el camino del despertar de la Kundalini, ya que trae conciencia de los cambios sutiles que ocurren dentro de las dimensiones física, mental y energética.

Uno de los signos iniciales de la activación de la Kundalini es el aumento de la sensibilidad física y emocional. Las personas pueden encontrarse más en sintonía con su entorno, experimentando una mayor conciencia de los estímulos sensoriales. Los sonidos pueden sonar más fuertes, las emociones más tangibles y los colores más vívidos. La expansión de la conciencia y el despertar del cuerpo de energía sutil que acompaña a la activación de la Kundalini se refleja en esta sensibilidad aumentada. Las personas pueden experimentar un mejor sentido de la interconexión de todo a medida que aumenta la energía, promoviendo un sentido de unidad con el entorno.

Una manifestación física notable de la activación temprana de Kundalini es la sensación de movimientos de energía dentro del cuerpo. Esto puede manifestarse como hormigueo, calor o corrientes eléctricas suaves que se mueven a lo largo de la columna vertebral o a través de varios centros de energía. Estas sensaciones indican que la energía Kundalini comienza a ascender a través del canal central o Sushumna. Las personas pueden sentir una energía pulsante, como un latido rítmico del corazón, a medida que la serpiente dormida cobra vida gradualmente. Estas sensaciones físicas sirven como recordatorios tangibles de los cambios energéticos que ocurren en su interior, señalando el inicio de un proceso transformador.

Los estados de conciencia elevados y alterados son precursores comunes de la activación de la Kundalini. Las personas pueden experimentar sueños vívidos, estados lúcidos o una profundización de las experiencias de meditación. El adelgazamiento del velo entre la mente consciente y la subconsciente es el resultado de la influencia de la energía Kundalini en los centros superiores de conciencia. Tales experiencias ofrecen vislumbres de estados expandidos de conciencia, proporcionando una muestra de las percepciones y revelaciones espirituales que pueden desarrollarse a medida que avanza el viaje de Kundalini.

A medida que avanza la activación de la Kundalini, los individuos pueden encontrar movimientos espontáneos o kriyas. Estos movimientos corporales involuntarios, como las posturas espontáneas de yoga, las sacudidas o los temblores, son expresiones naturales de la energía ascendente de la Kundalini. El cuerpo se ajusta intuitivamente para acomodar el aumento del flujo de energía, liberando la tensión acumulada o los bloqueos. Si bien estos movimientos pueden ser inicialmente sorprendentes, son una parte integral del proceso de transformación, ayudando en la purificación y realineación de los centros de energía.

Los cambios psicológicos y emocionales también son signos tempranos prominentes de la activación de la Kundalini. Las personas pueden pasar por períodos de introspección, auto-indagación o profundización de su búsqueda espiritual. El despertar de la energía Kundalini trae a la superficie las emociones enterradas y los problemas no resueltos para la sanación y la integración. Las liberaciones emocionales, como ataques repentinos de risa o lágrimas, pueden ocurrir a medida que la Kundalini trabaja para purificar el cuerpo emocional. Esta fase de autodescubrimiento y limpieza emocional es un aspecto esencial del despertar de la Kundalini, facilitando la evolución de la conciencia y una conexión más profunda con el yo más íntimo.

Otro indicador significativo es la apertura del centro cardíaco. A medida que la energía Kundalini se eleva, los individuos pueden experimentar un cambio profundo en su capacidad para el amor, la compasión y la empatía. El centro del corazón, o Anahata Chakra, irradia un sentido mejorado de amor universal, fomentando una conexión profunda con todos los seres vivos. Esta expansión del chakra del corazón es un aspecto fundamental de la activación de la Kundalini, que conduce a una forma más centrada en el corazón e inclusiva de relacionarse con el mundo.

El aumento de la intuición y el aumento de las habilidades psíquicas a menudo acompañan a la activación temprana de la Kundalini. Los individuos pueden encontrarse más sintonizados con las energías sutiles, experimentando una mayor intuición, clarividencia o habilidades telepáticas. Esta expansión de las facultades psíquicas es un resultado natural de la energía Kundalini que influye en el Chakra del Tercer Ojo, ubicado entre las cejas. A medida que el tercer ojo se abre, los individuos obtienen acceso a niveles más altos de percepción y comprensión, guiándolos en su camino espiritual.

Si bien estos signos de activación de la Kundalini indican un proceso transformador, es crucial abordar el viaje con atención plena y autoconciencia. La intensidad y la naturaleza de las experiencias de Kundalini varían entre los individuos, y lo que puede ser un despertar armonioso para una persona puede plantear desafíos para otra. Para hacer el viaje a través del apoyo y la comprensión, se recomienda que las personas que se someten a la activación de la Kundalini busquen la dirección de maestros, mentores o comunidades espirituales bien informadas.

Aunque sutiles, los primeros signos de activación de la Kundalini sientan las bases para un viaje profundo y transformador. Reconocer y abrazar estos signos permite a las personas participar conscientemente en el despertar, fomentando una alineación armoniosa de las dimensiones física, mental y energética. A medida que la energía Kundalini continúa su ascenso, los individuos pueden experimentar una mayor purificación, revelación y crecimiento espiritual, lo que en última instancia conduce a una mayor conciencia, iluminación interior y una conexión más profunda con lo divino dentro y más allá.

Síntomas físicos, emocionales y espirituales comunes

Un viaje espiritual profundo con raíces antiguas, el despertar de la kundalini, implica el despertar de la energía espiritual latente que se cree que se encuentra en la base de la columna vertebral. Las personas experimentan con frecuencia una serie de síntomas físicos, emocionales y espirituales que indican el carácter transformador de este proceso de despertar a medida que esta poderosa fuerza asciende a través del canal de energía primaria.

Físicamente, el despertar de la Kundalini suele ir acompañado de sensaciones distintivas que indican la activación y el movimiento de la energía dentro del cuerpo. Muchas personas informan que sienten hormigueo, calor o corrientes eléctricas suaves a lo largo de la columna vertebral o a través de los chakras, los centros de energía alineados a lo largo de la columna vertebral. Estas sensaciones son expresiones tangibles de la energía Kundalini que se eleva de su estado latente. A medida que la energía se mueve, las personas también pueden experimentar movimientos físicos espontáneos o kriyas, incluidas posturas de yoga, temblores o temblores. Estos movimientos se consideran respuestas naturales al flujo de energía intensificado y son cruciales para liberar la tensión y los bloqueos energéticos dentro del cuerpo.

Además, un despertar de Kundalini puede alterar la percepción sensorial, lo que puede manifestarse como un mayor nivel de conciencia ambiental. Los sonidos pueden parecer más resonantes, los colores más vívidos y los flujos de energía sutiles pueden volverse más evidentes. La conciencia expandida vinculada a la activación de Kundalini se refleja en este aumento sensorial. El cuerpo físico se ajusta al aumento de la actividad energética causado por el aumento de la Kundalini a través de un proceso de purificación y ajuste.

Emocionalmente, el despertar de Kundalini a menudo agita las profundidades del cuerpo emocional, trayendo una gama de sentimientos y experiencias intensas. Se esperan liberaciones emocionales, como risas repentinas, lágrimas o cambios de humor, a medida que la energía Kundalini trabaja para purificar y limpiar el paisaje dinámico. Los traumas del pasado y las emociones no resueltas pueden salir a la superficie, proporcionando oportunidades de curación e integración. No es inusual que los individuos pasen por períodos de profunda dicha, alegría o éxtasis, lo que refleja una conexión cada vez más profunda con lo divino y la naturaleza transformadora de los cambios emocionales que ocurren durante el despertar de Kundalini.

Sin embargo, el aspecto emocional del despertar de Kundalini también puede presentar desafíos. Los estados emocionales elevados, como el miedo, la ansiedad o una sensación de agobio emocional, pueden surgir a medida que la energía Kundalini trabaja a través de capas de bloqueos emocionales. Es crucial que las personas que atraviesan este proceso se acerquen a sus emociones con compasión y autoconciencia, reconociéndolas como parte del viaje de purificación y curación. Buscar apoyo terapéutico o participar en prácticas que promuevan el bienestar emocional puede ser beneficioso durante estas fases.

Espiritualmente, el despertar de Kundalini se desarrolla como un profundo viaje espiritual, que conduce a estados expandidos de conciencia y una conexión más profunda con lo divino. Uno de los síntomas espirituales significativos es la apertura del Chakra del Tercer Ojo, ubicado entre las cejas. Este despertar suele ir acompañado de una mayor intuición, clarividencia y una percepción más profunda de las energías sutiles. A medida que la energía Kundalini asciende al Chakra de la Corona en la parte superior de la cabeza, los individuos pueden experimentar una conciencia de unidad, un profundo sentido de unidad con el universo y una profunda paz interior.

La dimensión espiritual del despertar de Kundalini también implica un proceso de autodescubrimiento y una búsqueda de un significado más profundo. Las personas pueden pasar por períodos de introspección, auto-indagación y una conexión más profunda con su esencia espiritual. La conciencia expandida y la conexión con estados superiores de conciencia contribuyen a un sentido de propósito y a un cambio profundo en la comprensión de la naturaleza de la realidad.

A pesar de la naturaleza transformadora del despertar de Kundalini, los individuos pueden encontrar desafíos en el plano espiritual. La mayor sensibilidad a las energías y a los estados expandidos de conciencia puede conducir a una sobrecarga sensorial o a un agobio espiritual. Mantener un ambiente de apoyo y arraigo, junto con prácticas que promuevan la integración espiritual, es esencial para navegar por los aspectos espirituales del despertar de la Kundalini.

Las interrupciones del sueño son otro aspecto común del despertar de la Kundalini, que afecta al estado de sueño del individuo y a los patrones generales de sueño. Los sueños vívidos, los estados lúcidos o los estados alterados de conciencia durante el sueño son ocurrencias comunes. Estas experiencias a menudo reflejan un profundo procesamiento interno y percepciones espirituales debido a la influencia de la energía de Kundalini en la mente subconsciente. Crear un entorno propicio para dormir, practicar técnicas de relajación y mantener una rutina de sueño constante puede ayudar a las personas a controlar los trastornos del sueño durante el proceso de despertar.

Las sensaciones físicas de calor o oleadas de energía, particularmente a lo largo de la columna vertebral o en las palmas de las manos, son síntomas frecuentes del despertar de la Kundalini. El aumento del flujo de energía puede crear una sensación de calor, hormigueo o vibraciones en áreas específicas del cuerpo. Estas sensaciones indican la activación de los centros de energía y la alineación de la energía Kundalini. Los individuos también pueden experimentar una expansión del campo de energía, un resplandor palpable o aura que rodea el cuerpo, lo que significa la frecuencia vibratoria elevada asociada con la activación de Kundalini.

Las alteraciones gastrointestinales, como cambios en el apetito, la digestión o los patrones de eliminación, pueden ocurrir durante el despertar de la Kundalini. El aumento del flujo de energía afecta el funcionamiento de los órganos digestivos, y las personas pueden notar cambios en sus preferencias dietéticas o una mayor conciencia de las cualidades energéticas de los alimentos. Mantener una dieta equilibrada y nutritiva y mantenerse hidratado ayuda al cuerpo físico a adaptarse a los cambios provocados por la activación de la Kundalini.

En conclusión, los síntomas del despertar de Kundalini abarcan una amplia gama de experiencias físicas, emocionales y espirituales, todas integrales para la naturaleza transformadora de este profundo viaje. A medida que los individuos atraviesan las diversas dimensiones de la activación de la Kundalini, se les invita a cultivar la autoconciencia, la resiliencia y una conexión más profunda con su ser más íntimo. Buscar la guía de mentores experimentados, maestros o comunidades espirituales puede proporcionar un apoyo valioso, ayudando a las personas a navegar por los desafíos y abrazar las profundas posibilidades que acompañan el despertar de la Kundalini.

Navegando por los desafíos del despertar de la Kundalini

Navegar por los desafíos del despertar de la Kundalini es un aspecto integral del profundo viaje espiritual que se desarrolla cuando se activa la energía espiritual dormida en la base de la columna vertebral. Si bien el despertar de Kundalini contiene la promesa de una conciencia expandida, una visión espiritual y un crecimiento transformador, no está exento de dificultades. Las personas que experimentan este despertar pueden encontrar varios desafíos físicos y psicológicos a medida que la potente energía Kundalini trabaja a través de las múltiples capas del ser.

Uno de los principales desafíos durante el despertar de la Kundalini es la intensidad de las experiencias energéticas. El mayor flujo de energía a lo largo de la columna vertebral y a través de los chakras puede ser abrumador, lo que provoca sensaciones de calor, hormigueo o incluso corrientes eléctricas. Estos cambios intensos y energéticos pueden causar incomodidad o ansiedad, especialmente para aquellos que no están preparados o no están familiarizados con las sensaciones asociadas con la activación de la Kundalini. Las personas necesitan cultivar la autoconciencia y un sentido de conexión a tierra para navegar estas experiencias intensas y energéticas de manera efectiva.

El malestar físico es un desafío común durante el despertar de la Kundalini. Las personas pueden experimentar síntomas como dolores de cabeza, espasmos musculares o fatiga a medida que la energía se mueve a través del cuerpo y libera la tensión almacenada. El cuerpo físico se somete a un proceso de purificación, ajustándose al aumento de la frecuencia vibratoria provocado por la activación de la Kundalini. Las personas deben participar en prácticas que apoyen el bienestar físico, incluido el ejercicio regular, la nutrición adecuada y el descanso adecuado. Buscar la orientación de los profesionales de la salud también puede brindar tranquilidad y abordar cualquier inquietud relacionada con los síntomas físicos.

Los desafíos psicológicos a menudo surgen a medida que la energía Kundalini trabaja a través de los reinos emocional y mental. Las liberaciones emocionales intensas, incluidos los ataques de risa, lágrimas o cambios de humor, pueden ser desconcertantes para las personas que navegan por el paisaje dinámico del proceso de despertar. Los traumas del pasado y las emociones no resueltas pueden salir a la superficie, lo que requiere una atención cuidadosa y compasiva. El apoyo psicológico a través de la terapia, el asesoramiento o la participación en prácticas que promuevan el bienestar emocional puede ser crucial para manejar los desafíos psicológicos asociados con el despertar de la Kundalini.

Otro desafío importante es la posibilidad de abrumar espiritualmente. Los estados elevados de conciencia, la conciencia expandida y los encuentros con dimensiones espirituales pueden ser profundos, pero también pueden ser desorientadores para las personas que no están acostumbradas a tales experiencias. La sobrecarga espiritual puede llevar a la confusión, a la desconexión de la realidad cotidiana o a la dificultad para integrar las percepciones espirituales en la vida diaria. Las personas pueden superar el agobio espiritual adoptando un enfoque equilibrado para el desarrollo espiritual, que incluya técnicas de conexión a tierra y consultas con mentores espirituales expertos.

Uno de los desafíos más frecuentes durante el despertar de la Kundalini es la alteración del sueño. La energía Kundalini afecta a la mente subconsciente, lo que lleva a sueños vívidos, estados alterados de conciencia o patrones de sueño irregulares. Aunque estos encuentros pueden proporcionar información perspicaz y dirección espiritual, también pueden dañar la calidad general del sueño. Las personas pueden controlar los problemas de sueño durante el despertar practicando técnicas de relajación, creando un ambiente favorable para dormir y estableciendo una noche regular y tranquila.

Los desafíos sociales e interpersonales pueden surgir a medida que los individuos experimentan cambios profundos durante el despertar de la Kundalini. Los cambios en los valores, las perspectivas y las prioridades pueden afectar las relaciones con la familia, los amigos o la comunidad en general. Las personas pueden tener dificultades para articular sus experiencias espirituales o sentirse aisladas si quienes las rodean necesitan ayuda para comprender o compartir perspectivas similares. Construir una red de apoyo de personas con ideas afines, participar en comunidades espirituales o buscar la orientación de mentores puede ayudar a las personas a navegar por los aspectos sociales e interpersonales del Despertar de la Kundalini.

Integrar, armonizar las experiencias y conocimientos adquiridos durante el despertar de Kundalini en la vida diaria es un desafío crucial. Integrar experiencias espirituales profundas en la identidad, el trabajo y las relaciones requiere un esfuerzo consciente y deliberado. Los individuos pueden tener dificultades para equilibrar los estados expandidos de conciencia y las demandas prácticas de la vida cotidiana. Desarrollar un enfoque holístico de la integración, incorporar prácticas espirituales en las rutinas diarias y mantener un sentido de autocuidado son esenciales para navegar por los desafíos de integración asociados con el despertar de la Kundalini.

Otro desafío importante es la posibilidad de que se haga un énfasis excesivo en las experiencias en sí mismas. La naturaleza extraordinaria de las experiencias de despertar de Kundalini puede hacer que los individuos se centren demasiado en la búsqueda de estados trascendentes, fenómenos espirituales o encuentros místicos. Este énfasis excesivo en lo especial puede resultar en un descuido de los aspectos prácticos y fundamentados de la vida diaria. Las personas necesitan mantener un enfoque equilibrado, reconociendo que el crecimiento espiritual implica experiencias trascendentes y la integración de esas experiencias en el tejido de la existencia cotidiana.

El miedo y la resistencia pueden surgir como desafíos formidables durante el despertar de la Kundalini. La naturaleza desconocida del proceso, junto con las intensas experiencias energéticas, puede desencadenar miedo o resistencia dentro de los individuos. El miedo a perder el control, el miedo a la novela o el miedo a enfrentarse a aspectos no resueltos del yo pueden crear barreras para la progresión suave del despertar de la Kundalini. Las personas necesitan cultivar una mentalidad de apertura, rendición y confianza en la sabiduría inherente del proceso de despertar. La atención plena, la meditación y la autoindagación pueden ayudar a las personas a navegar y trascender el miedo y la resistencia.

En conclusión, navegar por los desafíos del despertar de la Kundalini es un viaje dinámico e individualizado que requiere conciencia consciente, resiliencia y un enfoque holístico del bienestar. Reconocer que los desafíos son inherentes a la naturaleza transformadora del proceso de despertar permite a las personas abordar las dificultades con un sentido de curiosidad y apertura. Buscar la orientación de mentores experimentados, participar en comunidades de apoyo e incorporar prácticas holísticas puede proporcionar recursos valiosos para aquellos que experimentan el despertar de la Kundalini. A medida que las personas navegan valientemente por los desafíos, desbloquean el profundo potencial para el crecimiento espiritual, el autodescubrimiento y una conexión más profunda con los reinos expansivos de la conciencia.

CAPÍTULO IV

Preparación para el Despertar de la Kundalini

Prácticas mente-cuerpo para preparar el sistema

La activación de la energía espiritual latente en la base de la columna vertebral, conocida como despertar de la Kundalini, es un proceso profundo y transformador que es posible gracias a las actividades mente-cuerpo. Estos métodos, que se originaron en la sabiduría antigua y otras tradiciones culturales, proporcionan una forma integral de desarrollar una alineación equilibrada de los aspectos mentales, corporales y energéticos de la persona. Estas prácticas generan una condición de equilibrio y receptividad de mente y cuerpo que facilita el desarrollo suave y consciente del proceso de despertar de la Kundalini.

La meditación está a la vanguardia cuando se trata de técnicas mente-cuerpo que preparan el cuerpo para el despertar de la Kundalini. La meditación es una herramienta valiosa para mejorar la autoconciencia, calmar la mente y promover la serenidad interior a través de la atención plena y la atención enfocada. La meditación frecuente establece una base mental sólida que permite a las personas observar sus sentimientos, ideas y experiencias de manera objetiva. A medida que la energía Kundalini aumenta, las personas se benefician significativamente de esta claridad mental porque las hace más capaces de manejar cambios energéticos sutiles y conciencia elevada.

El yoga es una disciplina integral de mente y cuerpo que se originó en la India y consiste en posturas físicas llamadas asanas, técnicas de control de la respiración llamadas pranayama y meditación. Las asanas específicas de yoga están diseñadas para activar y equilibrar los centros energéticos o chakras, preparando las vías energéticas para el movimiento ascendente de la energía Kundalini. Pranayama, o trabajo de respiración, es integral en la regulación de la respiración, aumentando el poder pránico (fuerza vital) y promoviendo un estado de receptividad tranquila, elementos esenciales para el despertar seguro y efectivo de Kundalini.

El Tai Chi y el Qigong son antiguas prácticas chinas de mente y cuerpo que enfatizan el cultivo y la circulación de la energía vital, conocida como Qi o Chi. Estos movimientos suaves y fluidos, combinados con un trabajo de respiración enfocado y una conciencia meditativa, mejoran el equilibrio y el flujo de energía del cuerpo. Al fomentar una sensación de relajación y fluidez, el Tai Chi y el Qigong contribuyen a la preparación energética general del sistema para el despertar de la Kundalini. Los movimientos lentos y deliberados también arraigan al practicante, promoviendo una profunda conexión con la tierra, un aspecto esencial a medida que la energía Kundalini se eleva.

Independientemente de las posturas particulares del yoga, el trabajo de respiración es extremadamente importante para preparar el cuerpo para la activación de la Kundalini. Numerosos métodos de respiración mejoran la oxigenación y el flujo de energía de la fuerza vital, incluida la respiración diafragmática profunda, la respiración alterna de las fosas nasales (Nadi Shodhana) y la retención de la respiración (Kumbhaka). Al regular el sistema nervioso autónomo, el control consciente de la respiración puede inducir una sensación de calma y relajación. Las prácticas de respiración intencional y rítmica proporcionan una base ideal para el proceso de despertar porque la energía de Kundalini es particularmente sensible a la calidad de la respiración.

Las prácticas de atención plena, incluida la conciencia plena y la atención en el momento presente, son esenciales para preparar la mente para el despertar de la Kundalini. Cultivar una conciencia atenta y sin prejuicios de los pensamientos, emociones y sensaciones permite a las personas desarrollar resiliencia y estabilidad frente a experiencias intensas. Las prácticas de mindfulness también fomentan una conexión más profunda con el momento presente, anclando a los individuos en el ahora y reduciendo la influencia de las preocupaciones pasadas y futuras, un recurso invaluable durante el viaje transformador del despertar de Kundalini.

Las técnicas de visualización aprovechan el poder de la mente para dirigir la energía y la intención, contribuyendo a la fase preparatoria para el despertar de la Kundalini. Las prácticas de visualización implican la creación de imágenes mentales o escenarios que se alinean con los resultados deseados del proceso de despertar. Por ejemplo, visualizar el flujo suave y ascendente de una serpiente enroscada (que representa la energía Kundalini) a través de los chakras puede mejorar la receptividad de los centros de energía. La visualización tiende un puente entre los reinos mental y energético, estableciendo un marco coherente e intencional para el desarrollo del viaje de Kundalini.

La sanación con sonido a través de prácticas como el canto, la repetición de mantras o la exposición a frecuencias específicas contribuye a la preparación vibratoria del sistema para el despertar de la Kundalini. El sonido impacta profundamente en el cuerpo de energía sutil, resonando y armonizando los chakras. Cantar mantras específicos, como el universal "Om", activa los chakras de la garganta y la corona, alineando al practicante con estados superiores de conciencia. La sanación con sonido induce una resonancia dentro del campo energético, sintonizando al individuo con las frecuencias que apoyan el ascenso seguro y gradual de la energía Kundalini.

La incorporación de estas prácticas mente-cuerpo en una rutina preparatoria holística crea un efecto sinérgico, fomentando un estado equilibrado y receptivo dentro del individuo. La integración de la meditación, el yoga, la respiración, el Tai Chi, el Qigong, las prácticas de atención plena, la visualización y la sanación con sonido crean colectivamente una base que apoya el despertar gradual y el ascenso de la energía Kundalini.

Es crucial abordar estas prácticas con una actitud de apertura, paciencia y respeto por el viaje único de cada individuo. El despertar de la Kundalini es un proceso altamente individualizado, y la fase preparatoria prepara el escenario para un desarrollo consciente y armonioso. Buscar la orientación de maestros experimentados, mentores o comunidades espirituales puede proporcionar un valioso apoyo y conocimientos durante esta fase preparatoria, asegurando que las personas se embarquen en su viaje de Kundalini con atención plena, preparación y una profunda conexión con el poder transformador interior.

Desarrollar la autoconciencia y la atención plena

Para navegar por la experiencia dramática y transformadora de despertar la energía espiritual dormida en la base de la columna vertebral, uno debe cultivar la autoconciencia y la atención plena durante el despertar de Kundalini. Con sus orígenes en antiguas tradiciones contemplativas, la atención plena es estar constantemente consciente objetivamente de los pensamientos, sentimientos, sensaciones y entorno. Esta presencia deliberada y no reactiva es una luz que guía a lo largo del proceso de vigilia, promoviendo una comprensión más profunda de uno mismo y de las sutilezas de los cambios energéticos conectados a la activación de la Kundalini.

Prácticas de atención plena: Para cultivar la atención plena durante el despertar de la Kundalini, es fundamental contar con varias prácticas de atención plena que atraen la atención al momento presente. La respiración consciente, en la que las personas se centran en la inhalación y exhalación de la respiración, es una práctica fundamental. La respiración se convierte en un ancla, enraizando a los individuos en la inmediatez de cada momento. Caminar, comer y realizar actividades diarias de forma consciente fomentan una mayor conciencia de los movimientos y sensaciones del cuerpo, promoviendo una presencia consciente.

Observación de pensamientos y emociones: Un aspecto esencial de la atención plena durante el despertar de la Kundalini implica observar los pensamientos y las emociones con una conciencia desapegada pero compasiva. Los intensos cambios energéticos pueden dar lugar a diversas emociones y pensamientos, desde estados de felicidad hasta liberaciones emocionales desafiantes. La observación consciente permite a las personas presenciar estos fenómenos mentales y emocionales sin enredarse. Este desapego crea un ambiente mental espacioso que se acomoda al flujo y reflujo de las experiencias internas.

Meditación de escaneo corporal: La meditación de escaneo corporal es otra práctica de atención plena que dirige sistemáticamente la atención a diferentes partes del cuerpo. Esta práctica mejora la conciencia somática, permitiendo a los individuos observar las sensaciones sutiles y los movimientos energéticos asociados con el despertar de la Kundalini. El escaneo corporal se convierte en una herramienta para explorar la intrincada conexión entre el cuerpo físico y el flujo de energía, promoviendo una comprensión holística del proceso de despertar.

Conciencia sin prejuicios: La atención plena durante el despertar de la Kundalini enfatiza la conciencia sin prejuicios, alentando a las personas a liberar los patrones habituales de autocrítica o juicio. A medida que la energía Kundalini activa y purifica varios aspectos del ser, los individuos pueden encontrar aspectos de sí mismos que provocan incomodidad o resistencia. Una actitud sin prejuicios permite la autoaceptación, reconociendo cada experiencia como una parte natural e integral del viaje del despertar.

Integrar la atención plena en la vida diaria: Cultivar la atención plena no se limita a las sesiones formales de meditación; se extiende a la vida cotidiana. Se anima a las personas a llevar la conciencia plena a las actividades, interacciones y desafíos rutinarios. Esta integración apoya la continuidad de la autoconciencia, lo que permite a las personas encarnar la atención plena en todos los aspectos de su existencia. La integración fluida de la atención plena en la vida diaria sirve como un puente entre las percepciones meditativas y las realidades prácticas de navegar por el estado de vigilia.

Auto-indagación: La atención plena durante el despertar de la Kundalini a menudo implica la auto-indagación, una exploración introspectiva de la naturaleza del yo, la identidad y las motivaciones subyacentes del pensamiento y el comportamiento. Se involucran en la auto-indagación, lo que impulsa a los individuos a cuestionar creencias y suposiciones profundamente arraigadas, fomentando una comprensión profunda del yo más allá de la mente egoica. Este proceso de indagación se alinea con el potencial transformador del despertar de la Kundalini, fomentando un cambio radical en el sentido de identidad y autopercepción.

Aceptación del momento presente: La atención plena implica inherentemente la aceptación del momento presente, reconociéndolo tal como es sin el deseo de que sea diferente. Esta aceptación se vuelve particularmente relevante durante el despertar de la Kundalini, donde los individuos pueden encontrar un espectro de experiencias: alegres, desafiantes o etéreas. La aceptación no implica resignación pasiva, sino abrazar cada momento con el corazón abierto y la mente receptiva. Esta actitud fomenta la resiliencia y la adaptabilidad, cualidades cruciales para navegar por el diverso terreno de la activación de la Kundalini.

Conciencia de los cambios energéticos: La atención plena durante el despertar de la Kundalini se extiende a la conciencia de los cambios energéticos dentro del cuerpo. Las sensaciones de calor, hormigueo o el movimiento de la energía a lo largo de la columna vertebral se convierten en objetos de atención durante las prácticas de atención plena. Al dirigir la conciencia enfocada a estos fenómenos sutiles y energéticos, los individuos profundizan su conexión con el proceso de Kundalini que se está desarrollando. Esta mayor sensibilidad hacia el cuerpo activo contribuye a una comprensión más matizada y encarnada del viaje del despertar.

Integración consciente de las percepciones espirituales:

El despertar de la Kundalini a menudo produce profundas percepciones espirituales y estados expandidos de conciencia. La atención plena facilita la integración de estas percepciones en la vida diaria, asegurando que las revelaciones transformadoras no permanezcan confinadas a las experiencias meditativas, sino que impregnen el tejido de la propia existencia. La integración consciente ayuda a las personas a encarnar la sabiduría adquirida durante la conciencia aumentada, fomentando una alineación armoniosa entre los aspectos espirituales y materiales de la vida.

Orientación y apoyo: Si bien la atención plena

proporciona un marco valioso para la autoconciencia durante el despertar de la Kundalini, buscar la orientación de mentores o maestros experimentados es igualmente importante. Los guías expertos pueden ofrecer ideas, tranquilidad y consejos prácticos basados en sus experiencias con la energía Kundalini. Este apoyo externo complementa el viaje interno de autoconocimiento, creando un enfoque equilibrado que combina la exploración personal con la sabiduría de aquellos que han recorrido caminos similares.

En conclusión, cultivar la atención plena y la autoconciencia durante el despertar de la Kundalini es una práctica transformadora que alinea al individuo con el viaje que se desarrolla del despertar espiritual. La atención plena se convierte en una luz que guía e ilumina el intrincado paisaje de pensamientos, emociones y cambios energéticos. Esta presencia intencional fomenta una comprensión más profunda del yo y del profundo potencial inherente a la activación de la Kundalini. A medida que las personas navegan por los desafíos y revelaciones de este proceso de despertar, la atención plena sirve como un compañero constante, ofreciendo una conciencia arraigada y compasiva que apoya la integración armoniosa del estado despierto en la vida diaria.

Establecer un entorno que sea alentador para el proceso de despertar

Establecer una atmósfera enriquecedora es esencial para promover el proceso de despertar de la Kundalini. El camino de la transformación implica despertar la fuerza espiritual latente en la base de la columna vertebral. La energía del despertar de la Kundalini y los aspectos espirituales requieren un entorno externo de apoyo que equilibre los cambios internos y las dificultades que las personas puedan experimentar. Un entorno de apoyo tiene varias facetas, como las relaciones, el espacio físico y las opciones de estilo de vida, todas ellas esenciales para crear un entorno pacífico y seguro en el que pueda surgir el viaje de la Kundalini.

Espacio físico: Establecer un espacio físico sereno y energéticamente equilibrado es fundamental para las personas que experimentan el despertar de la Kundalini. Un entorno limpio y ordenado con abundante luz natural fomenta una sensación de tranquilidad y promueve el bienestar general. La creación de un espacio dedicado a la meditación dentro del hogar permite a las personas cultivar una práctica constante y fomenta una conexión con lo divino durante los momentos de quietud. La cualidad vibratoria del entorno físico influye en el cuerpo energético, y un espacio dispuesto conscientemente puede mejorar el flujo de energía Kundalini.

Conexión con la naturaleza: Comprometerse con la naturaleza es fundamental para crear un entorno de apoyo para el despertar de la Kundalini. Pasar tiempo al aire libre, ya sea en un jardín, parque o entorno natural, permite a las personas conectarse con la energía de conexión a tierra de la tierra. La naturaleza sirve como un espejo para los procesos transformadores que ocurren en su interior, ofreciendo consuelo, inspiración y un recordatorio de la interconexión de toda la vida. Los paseos regulares por la naturaleza, la contemplación a cielo abierto y la conexión con los elementos naturales contribuyen a un entorno exterior equilibrado y armonioso.

Relaciones y comunidad: Construir relaciones de apoyo es esencial durante el proceso de despertar de la Kundalini. Comparten experiencias con personas de ideas afines a través de comunidades espirituales, talleres o foros en línea, lo que proporciona un sentido de conexión y validación. Comprometerse con una comunidad de apoyo permite intercambiar ideas, aliento y orientación, reduciendo los sentimientos de aislamiento que pueden surgir durante el viaje transformador. Cultivar una comunicación abierta con amigos y familiares, incluso si no comparten las mismas perspectivas espirituales, fomenta la comprensión y el apoyo emocional.

Higiene energética: Mantener una higiene energética es vital para crear un ambiente de apoyo para el despertar de la Kundalini. Prácticas como difuminar con salvia u otras hierbas purificadoras, usar cristales y participar en rituales de limpieza de energía ayudan a limpiar el espacio energético. Limpiar regularmente la energía dentro del hogar, especialmente el espacio de meditación, asegura que siga siendo propicio para el flujo de energía Kundalini. La higiene energética se extiende a las prácticas personales, alentando a las personas a ser conscientes de sus límites energéticos y participar en prácticas que promuevan el equilibrio energético.

Nutrición y estilo de vida: Adoptar un estilo de vida equilibrado y nutritivo contribuye al entorno de apoyo necesario para el despertar de la Kundalini. La nutrición es crucial, enfatizando una dieta basada en plantas y alimentos integrales que mejore la vitalidad física y el equilibrio energético. Una hidratación adecuada apoya los procesos de desintoxicación del cuerpo, ayudando en la purificación asociada con la activación de Kundalini. El ejercicio regular, el yoga u otras prácticas de movimiento consciente promueven el bienestar general y facilitan el flujo suave de energía dentro del cuerpo.

Consumo consciente de los medios de comunicación: La conciencia del consumo de los medios de comunicación crea un entorno de apoyo para el despertar de la Kundalini. Limitar la exposición a contenido dañino o demasiado estimulante, incluidas las noticias, las películas o las redes sociales, ayuda a mantener un estado mental enfocado y centrado. Elegir medios que se alineen con temas espirituales o edificantes contribuye a un ambiente mental positivo y armonioso. Un enfoque consciente y perspicaz del consumo de medios ayuda a cultivar una mente clara y receptiva durante el proceso de despertar.

Rituales y prácticas sagradas: La incorporación de rituales y prácticas sagradas en la vida diaria mejora el entorno de apoyo para el despertar de la Kundalini. Esto puede incluir rituales matutinos, oraciones o sesiones de meditación que marquen el tono del día. Crear un sentido de sacralidad en las actividades cotidianas, como cocinar, bañarse o caminar, eleva la frecuencia vibratoria de estas experiencias. Los rituales proporcionan un marco para la vida intencional, anclando a las personas en una mentalidad espiritualmente sintonizada a lo largo de sus rutinas diarias.

Recursos educativos: Establecer una atmósfera propicia para el despertar de la Kundalini requiere tener acceso a consejos y materiales educativos. El conocimiento y las percepciones esenciales sobre la energía Kundalini y el despertar espiritual se pueden obtener a través de la lectura de libros, la asistencia a seminarios o la toma de cursos en línea. Conocer las muchas fases del proceso de Kundalini, los posibles obstáculos y las técnicas valiosas permite a las personas proceder con conciencia y discernimiento en su camino. Buscar el consejo de mentores o instructores expertos fortalece aún más el componente educativo del entorno de apoyo.

Reconocer que el viaje es altamente individualizado y puede desarrollarse inesperadamente permite a las personas abordar los desafíos con resiliencia y un corazón abierto. Abrazar el cambio y permanecer receptivo a la guía de la energía Kundalini promueve una relación fluida y armoniosa con las fuerzas transformadoras en juego.

En conclusión, crear un entorno de apoyo para el despertar de la Kundalini implica un enfoque holístico que aborde las dimensiones físicas, emocionales y energéticas. El entorno externo se convierte en un espejo para el viaje interno, ofreciendo una base de estabilidad, nutrición e inspiración. La sinergia de un espacio físico armonioso, relaciones significativas, elecciones de estilo de vida conscientes y un compromiso con las prácticas espirituales crea un entorno que fomenta el desarrollo seguro y transformador del proceso de despertar de la Kundalini. A medida que los individuos cultivan un entorno externo de apoyo, nutren simultáneamente el paisaje interior, fomentando una profunda conexión con lo divino y los reinos expansivos de la conciencia.

CAPÍTULO V

Kundalini Yoga y Técnicas de Meditación

Introducción al Kundalini yoga

Este estilo de yoga, que tiene sus raíces en la idea de la energía Kundalini, caracterizada como una serpiente enroscada en la base de la columna vertebral, tiene como objetivo despertar y aprovechar este potencial espiritual latente a través de posturas dinámicas, ejercicios de respiración, meditación y canto. Los tres objetivos principales del Kundalini yoga son expandir la conciencia, liberar el potencial espiritual y cultivar un fuerte vínculo entre la persona y la fuerza vital global.

En el corazón del Kundalini Yoga está la creencia de que

cada persona posee una reserva latente de energía vital enrollada en la base de la columna vertebral, a menudo representada metafóricamente como una serpiente. Esta energía estancada, conocida como Kundalini, es la fuente potencial de la iluminación espiritual y la autorrealización. El Kundalini Yoga tiene como objetivo activar y guiar esta energía hacia arriba a través del canal de energía central, alineando y equilibrando los diversos centros de energía, o chakras, a lo largo de la columna vertebral.

Una característica distintiva del Kundalini Yoga es su

énfasis en combinar posturas físicas (asanas), control de la respiración (pranayama) y canto (mantra) en una secuencia cohesiva y dinámica. La práctica está diseñada para trabajar simultáneamente en múltiples niveles: físico, mental y energético. Las asanas involucran al cuerpo y mejoran la flexibilidad, la fuerza y el equilibrio. Las técnicas de pranayama regulan la respiración, aumentando el flujo de energía de la fuerza vital por todo el cuerpo. El canto de mantras, a menudo acompañado de gestos específicos con las manos (mudras), estimula las frecuencias vibratorias dentro del cuerpo, alineando al practicante con estados superiores de conciencia.

La tradición del Kundalini Yoga se atribuye a Yogi Bhajan, quien introdujo esta antigua práctica en Occidente a finales de la década de 1960. Yogi Bhajan enfatizó la accesibilidad del Kundalini Yoga, presentándolo como una herramienta práctica y transformadora para las personas que buscan el crecimiento espiritual en el mundo moderno. El principio básico de las enseñanzas de Yogi Bhajan es que todo el mundo nace con la capacidad de encontrar lo divino en su interior, y el Kundalini Yoga ofrece una forma sistemática de despertar este potencial.

Esta es una característica que distingue a las clases. Este canto marca la pauta de la práctica creando un espacio sagrado y conectando al practicante con el linaje de maestros que han transmitido esta sabiduría a lo largo de milenios. En clase, una kriya (una mezcla de ejercicios de respiración, posturas y técnicas de meditación) generalmente se trabaja para abordar un aspecto específico de uno mismo o para lograr un objetivo particular.

La práctica de la respiración, o pranayama, es esencial para el Kundalini Yoga. El prana, o energía de la fuerza vital, puede ser controlado y dirigido utilizando técnicas como el Aliento de Fuego, una técnica de respiración rápida y rítmica, y el Nadi Shodhana, una técnica alternativa de respiración de las fosas nasales. La respiración consciente y regulada es una de las estrategias más poderosas para dar vida a la energía Kundalini y lograr una mayor conciencia.

La meditación es un componente integral del Kundalini Yoga, y cada kriya concluye con un período de meditación profunda. Los practicantes pueden ser guiados a través de meditaciones específicas, centrándose en la conciencia de la respiración, la repetición de mantras o la visualización. El aspecto meditativo del Kundalini Yoga tiene como objetivo aquietar la mente, expandir la conciencia y crear una conexión profunda con lo divino.

Cantar mantras es un elemento distintivo y potente del Kundalini Yoga. Los mantras son vibraciones sonoras sagradas que llevan frecuencias y significados específicos. La cualidad vibratoria de los mantras estimula los chakras, equilibra el sistema nervioso y eleva la conciencia del practicante. El canto de mantras suele ir acompañado de movimientos específicos de las manos o mudras, lo que mejora aún más el impacto energético de la práctica.

El Kundalini Yoga afecta significativamente los aspectos energéticos y espirituales del practicante y los dominios físicos y cerebrales. Se cree que un vínculo más vital con la fuerza vital universal, los estados elevados de conciencia y la conciencia expandida son el resultado del despertar de la energía Kundalini. La práctica está abierta a personas de muchos orígenes y credos porque no está restringida a ninguna religión o filosofía en particular.

El Kundalini Yoga se considera una ciencia holística que integra varias herramientas yóguicas para lograr una transformación holística. Está diseñado para despertar el potencial dormido dentro de cada individuo, fomentando el autodescubrimiento y la evolución espiritual. A medida que la energía Kundalini se eleva a través de la columna vertebral, purifica y equilibra los chakras, lo que lleva a una integración armoniosa de los aspectos físicos, mentales y espirituales del yo.

En conclusión, el Kundalini Yoga es un camino único y transformador dentro del rico tapiz de las tradiciones yóguicas. Su enfoque dinámico y multifacético, que combina posturas físicas, respiración, canto y meditación, ofrece a los practicantes un conjunto completo de herramientas para el autodescubrimiento y el crecimiento espiritual. Arraigado en la sabiduría antigua pero accesible para los buscadores modernos, el Kundalini Yoga continúa inspirando a las personas en su viaje hacia la conciencia expandida, el despertar interior y una profunda conexión con lo divino.

Posturas de yoga y técnicas de meditación específicas para el despertar de la Kundalini

El viaje del despertar de la Kundalini adopta un enfoque sistemático y deliberado para despertar la energía espiritual latente que se enrolla en la base de la columna vertebral. Ciertas posturas de yoga y prácticas de meditación son parte integral del rico tapiz del Kundalini Yoga; ayudan en el flujo ascendente de la energía Kundalini, limpian los centros de energía o chakras y promueven una unión armoniosa de la mente, el cuerpo y el espíritu. Estas prácticas están cuidadosamente seleccionadas para activar y equilibrar los canales de energía sutil, creando un entorno propicio para el viaje transformador del despertar de la Kundalini. Posturas de yoga para el despertar de la Kundalini:

Postura de la serpiente (Bhujangasana): Esta postura de flexión hacia atrás, a menudo llamada postura de la cobra, activa la parte inferior de la columna vertebral y estimula los chakras sacro y raíz. Bhujangasana abre el centro del corazón, promoviendo un sentido de expansión y receptividad al movimiento ascendente de la energía Kundalini.

Postura del camello (Ustrasana): Ustrasana es una flexión profunda hacia atrás que se dirige a los chakras de la garganta y el corazón. La naturaleza expansiva de esta postura facilita el flujo de energía a través de la parte superior del cuerpo, fomentando el despertar de los centros superiores y promoviendo una sensación de apertura y entrega.

Postura del arco (Dhanurasana): Dhanurasana es una flexión dinámica hacia atrás que involucra toda la columna vertebral. Esta postura estimula el chakra del plexo solar, promoviendo el poder personal y la activación de la voluntad. El arco de la espalda crea un poderoso estiramiento, liberando la tensión y los bloqueos energéticos.

Bloqueo de raíz (Mulabandha): Si bien no es una postura de yoga tradicional, Mulabandha es un bloqueo yóguico que implica involucrar los músculos del suelo pélvico. Este bloqueo energético dirige el flujo de energía Kundalini hacia arriba, evitando que se disipe y asegurando su ascenso concentrado a través del canal central de energía.

Hombro (Sarvangasana): Sarvangasana, o Hombro, es

una inversión que dirige la energía hacia el chakra de la garganta. En esta postura, el cuerpo se apoya en los hombros y la garganta está abierta, creando un camino para el movimiento ascendente de la energía Kundalini.

Postura del Cuervo (Bakasana): Bakasana, o Postura del Cuervo, es un equilibrio de brazos que activa los chakras inferiores y promueve la conexión a tierra. El compromiso enfocado requerido en esta postura construye fuerza y estabilidad, creando una base para el ascenso seguro de la energía Kundalini.

La Postura del Águila, también conocida como

Garudasana, es una postura de equilibrio en la que cruzas una pierna sobre la otra y cruzas los brazos. Esta postura promueve el flujo natural de energía del cuerpo al encender los centros de energía en los brazos y las piernas.

Técnicas de meditación para el despertar de la Kundalini:

Kirtan Kriya: Kirtan Kriya es una meditación de canto que implica la repetición del mantra "Sa Ta Na Ma". A medida que se canta cada sílaba, los sonidos se acompañan con movimientos específicos de los dedos (mudras). Esta técnica de meditación activa los centros cerebrales, armoniza los chakras y facilita el movimiento ascendente de la energía Kundalini.

Meditación del Tercer Ojo: Una de las técnicas de

meditación más efectivas para el despertar de la Kundalini es enfocar la atención en el área entre las cejas, a veces conocida como el chakra ajna o tercer ojo. Al enfocarse hacia adentro, los practicantes pueden alcanzar una mayor conciencia y activar el centro de energía vinculado a la visión espiritual y la intuición.

Meditación de los chakras: La meditación de los chakras se centra secuencialmente en los siete chakras principales, empezando por la raíz y ascendiendo hasta la coronilla. Esta técnica de meditación trae conciencia a cada centro de energía, promoviendo el equilibrio, la alineación y el libre flujo de la energía Kundalini a través de canales sutiles.

Meditación del Aliento de Fuego: El Aliento de Fuego es una técnica de respiración rápida y rítmica que implica una respiración rápida y activa con la nariz. Esta técnica de meditación dinámica oxigena el cuerpo, energiza el sistema nervioso y activa el chakra del plexo solar, promoviendo el despertar del poder personal.

Sitali Pranayama: Sitali Pranayama, o respiración refrescante, consiste en inhalar a través de una lengua rizada y exhalar por la nariz. Esta técnica de respiración equilibra la temperatura del cuerpo, purifica el torrente sanguíneo y activa el chakra de la garganta, creando un ambiente propicio para el ascenso de la energía Kundalini.

Meditación en el centro del ombligo: Centrarse en el centro del ombligo, o chakra manipura, llama la atención sobre el área asociada con el poder personal y la transformación. Esta técnica de meditación consiste en visualizar un sol radiante en el ombligo, fomentando la activación del chakra del plexo solar y facilitando el movimiento ascendente de la energía Kundalini.

Meditación de Testigo Silencioso: La Meditación de Testigo Silencioso implica cultivar el papel del observador silencioso, presenciando pensamientos, emociones y sensaciones sin apego. Al desapegarse de las fluctuaciones de la mente, los practicantes crean un ambiente interno espacioso, lo que permite el flujo sin obstáculos de la energía Kundalini.

Integración de posturas de yoga y meditación:

La sinergia de posturas de yoga específicas y técnicas de meditación crea un enfoque holístico para el despertar de la Kundalini. Las posturas de yoga preparan el cuerpo físico estirando, fortaleciendo y equilibrando, mientras que las técnicas de meditación enfocan la mente y dirigen la energía hacia chakras específicos. La práctica combinada cultiva un ambiente interno receptivo y armonioso, facilitando el ascenso suave de la energía Kundalini a través de canales sutiles.

Es crucial abordar estas prácticas con atención plena, paciencia y una profunda conexión con la sabiduría interior. El despertar de la Kundalini es un proceso altamente individualizado, y cada practicante puede responder de manera diferente a varias posturas y técnicas de meditación. Buscar la orientación de maestros experimentados o mentores familiarizados con el Kundalini Yoga garantiza que las personas se embarquen en este viaje transformador con el apoyo y los conocimientos necesarios.

En conclusión, las posturas de yoga específicas y las técnicas de meditación dentro del ámbito del Kundalini Yoga proporcionan un marco estructurado y potente para despertar la energía espiritual dormida. A través de la combinación intencional de posturas dinámicas, respiración y meditación enfocada, los practicantes crean un paisaje interno propicio para el ascenso seguro y transformador de la energía Kundalini. A medida que los individuos se involucran en estas prácticas con reverencia y conciencia, se abren al profundo potencial de la conciencia expandida, la autorrealización y una conexión más profunda con la fuerza vital universal.

Ejercicios que incluyen respiración y visualización

El trabajo de respiración y los ejercicios de visualización son esenciales para el Kundalini Yoga, ya que llevan a los practicantes a un profundo viaje de autodescubrimiento y despertar espiritual. Estas antiguas técnicas de yoga, arraigadas en la sabiduría de la tradición yóguica, utilizan la respiración y el poder de la mente para despertar la energía dormida, equilibrar los chakras y fomentar el movimiento ascendente de Kundalini, la serpiente enroscada de potencial espiritual en la base de la columna vertebral. El pranayama, los ejercicios de respiración y las técnicas de visualización se combinan para producir un ambiente interior transformador y armonioso que abre la puerta a una mayor conciencia y una conexión más fuerte con la fuerza vital universal.

Aliento de Fuego (Agni Pran): Un sello distintivo del Kundalini Yoga, el Aliento de Fuego es una respiración rápida y rítmica que implica bombear el punto del ombligo con cada exhalación y permitir que la inhalación ocurra de forma natural. Esta técnica de respiración dinámica oxigena el cuerpo, energiza el sistema nervioso y aviva el fuego interno. Se cree que el Aliento de Fuego estimula el chakra del plexo solar, fomentando el despertar del poder y la vitalidad personal.

Respiración larga y profunda (Dirgha Pranayama): Esta técnica de respiración implica inhalaciones y exhalaciones lentas y profundas por la nariz. La respiración profunda calma el sistema nervioso, equilibra el flujo de prana (energía de la fuerza vital) y activa el centro del corazón. A medida que los practicantes cultivan una respiración consciente y deliberada, crean una base para el movimiento suave y controlado de la energía Kundalini a través del canal de energía central.

Respiración alterna de las fosas nasales (Nadi Shodhana): Nadi Shodhana es una técnica de respiración equilibrada que consiste en alternar entre las fosas nasales utilizando los dedos para regular el flujo de la respiración. Esta práctica armoniza los canales de energía izquierdo y derecho, promoviendo el equilibrio dentro del cuerpo y la mente. Nadi Shodhana activa los chakras del tercer ojo y de la corona, fomentando la claridad y la conciencia expandida.

Retención de la respiración (Kumbhaka): La incorporación de períodos de retención de la respiración, o Kumbhaka, en la práctica de la respiración es común en el Kundalini Yoga. Después de una inhalación profunda, los practicantes pueden retener la respiración, permitiendo que la energía circule y se acumule antes de exhalar. Kumbhaka aumenta la capacidad de aprovechar y dirigir el prana, creando una reserva de energía vital para el despertar de la Kundalini.

Visualización de los chakras: Los practicantes emplean

con frecuencia ejercicios de visualización de chakras para centrar la atención y la energía en centros de energía específicos a lo largo de la columna vertebral. Los chakras se pueden purificar y activar más fácilmente visualizando cada uno como una rueda giratoria de luz que comienza en la raíz y sube hasta la coronilla. Este ejercicio se corresponde con el flujo ascendente de energía Kundalini del sistema de chakras.

Meditación del Cordón Dorado: En esta visualización, los practicantes imaginan un cordón dorado que se extiende desde la base de la columna vertebral hasta la coronilla de la cabeza. Este cordón representa el canal central de energía, también conocido como Sushumna. Al visualizar el flujo de energía a lo largo de este cordón dorado, las personas mejoran su conciencia del ascenso de Kundalini y fomentan una conexión con lo divino.

Meditación de la Flor de Loto: La Meditación de la Flor de

Loto consiste en visualizar una flor de loto en cada chakra, con cada flor desplegándose y floreciendo a medida que se activa el centro de energía correspondiente. Esta práctica simboliza el florecimiento de la conciencia y el viaje transformador del despertar de Kundalini. Las imágenes del loto se alinean con la pureza espiritual y la iluminación.

Activación del tercer ojo: Los ejercicios de visualización a menudo se enfocan en el tercer ojo, ubicado entre las cejas. Los practicantes pueden visualizar una luz radiante o un símbolo específico, como un Om o un loto, en el centro del tercer ojo. Esta práctica estimula el chakra ajna, promoviendo la intuición, la comprensión y la expansión de la conciencia, un aspecto crucial del despertar de la Kundalini.

Visualización serpentina: Dada la metáfora de la serpiente asociada con Kundalini, los practicantes pueden visualizar una serpiente enroscada en la base de la columna vertebral. A medida que la respiración y la energía se elevan, la serpiente se desenrolla gradualmente y asciende a través del canal de energía central, simbolizando el despertar y el ascenso de la energía Kundalini. Esta visualización se alinea con el proceso transformador de desprenderse de viejas capas y abrazar estados superiores de conciencia.

La combinación de la respiración y la visualización en Kundalini Yoga crea una sinergia dinámica y potente. A medida que los practicantes se involucran en técnicas específicas de respiración, sincronizan la respiración con visualizaciones que dirigen la energía y la conciencia a los aspectos críticos del cuerpo sutil. La respiración se convierte en un vehículo para el flujo de prana, mientras que el ojo de la mente dirige y amplifica el enfoque energético. Como resultado de esta conexión armónica, la conciencia se eleva, lo que facilita el ascenso seguro y transformador de la energía Kundalini.

La relación entre la visualización y la respiración crea un vínculo entre la energía de la práctica y los aspectos físicos. El prana es transportado por la respiración, y la dirección consciente de esa fuerza vital es guiada por la visualización. Esta conexión intencionada crea un enfoque holístico para el despertar de la Kundalini al abordar las partes sutiles y fisiológicas de la existencia del practicante.

Si bien la respiración y la visualización son herramientas poderosas en el Kundalini Yoga, es esencial abordar estas prácticas con atención plena y respeto por las experiencias individuales. El despertar de la Kundalini es un viaje muy personal, y los practicantes pueden encontrar sensaciones intensas, liberaciones emocionales o estados elevados de conciencia. Buscar la orientación de maestros experimentados y practicar bajo su supervisión garantiza un enfoque informado y de apoyo a estas técnicas transformadoras.

En conclusión, el trabajo de respiración y los ejercicios de visualización en Kundalini Yoga forman un dúo inseparable que guía a los practicantes en un viaje transformador hacia la autorrealización. A medida que los individuos aprovechan el poder de la respiración y activan el potencial creativo del ojo de la mente, crean una sinergia dinámica que se alinea con el profundo proceso de despertar de la Kundalini. La integración intencional de la respiración y la visualización mejora la práctica. Sirve como una puerta de entrada a la conciencia expandida, la visión espiritual y una conexión más profunda con la sabiduría inherente del yo.

CAPÍTULO VI

El papel de la sanación energética

Explorando varias modalidades de sanación energética

En el ámbito expansivo del bienestar holístico, han surgido diversas modalidades de sanación energética, cada una de las cuales ofrece enfoques únicos para promover el equilibrio, la armonía y el bienestar a nivel físico, emocional y espiritual. Estas modalidades se basan en el principio de que el cuerpo posee un intrincado sistema de energía que puede ser influenciado y equilibrado para apoyar una salud óptima. Al reconocer la interconexión de la mente, el cuerpo y la energía, los practicantes de las modalidades de sanación energética tienen como objetivo restaurar y mejorar el flujo de energía de la fuerza vital. Esta sección explora algunas modalidades destacadas de sanación energética, profundizando en sus principios, técnicas y beneficios potenciales.

El Reiki es un método japonés de sanación energética que promueve la curación y el equilibrio mediante la canalización de la energía de la fuerza vital universal. Los practicantes de Reiki en sintonía con los símbolos transfieren esta energía al receptor, que puede estar acostado, sentado o completamente vestido. El tacto suave o la técnica de flotar con las manos facilita la energía curativa, que trata enfermedades físicas y desequilibrios mentales y promueve la relajación. El Reiki se describe con frecuencia como relajante; Las personas que lo contraen informan que se sienten cálidas, hormigueantes y profundamente relajadas durante y después de las sesiones.

El objetivo es mantener el equilibrio en el flujo de Qi, la fuerza vital que mantiene vivo el cuerpo. La acupuntura trata los desequilibrios, alivia el dolor y promueve el bienestar general al aumentar o disminuir el flujo de energía en lugares particulares. El método es reconocido por su eficacia en el tratamiento de una variedad de trastornos médicos, incluido el dolor crónico, el estrés y otras dolencias.

Se derivan de las antiguas tradiciones espirituales indias;

La sanación de los chakras se centra en los siete centros de energía del cuerpo, o chakras. Estas ruedas giratorias de energía están asociadas con diferentes aspectos de bienestar físico, emocional y espiritual. Diversas técnicas, como la meditación, la visualización y el trabajo energético, equilibran y activan los chakras. Los practicantes creen que armonizar los chakras promueve un flujo de energía libre en todo el cuerpo, fomentando la salud holística y apoyando el desarrollo espiritual.

Las cualidades energéticas de los cristales y las piedras preciosas se utilizan en la cristaloterapia para devolver la armonía y el equilibrio al campo energético del cuerpo. Se cree que cristales específicos resuenan con centros de energía particulares; Por lo tanto, durante las sesiones, los practicantes pueden colocar cristales sobre o cerca del cuerpo. Se cree que las distintas frecuencias vibratorias de los cristales afectan el flujo de energía, despejando obstrucciones y fomentando la curación. La sanación con cristales se combina con frecuencia con otras terapias energéticas para proporcionar un enfoque holístico de la salud.

La Sanación Pránica, desarrollada por el Maestro Choa Kok Sui, se basa en el concepto de prana, la energía vital que sostiene el cuerpo. Los practicantes emplean técnicas para limpiar, energizar y equilibrar el campo energético del cuerpo. La sanación pránica consiste en escanear el cuerpo energético, eliminar la energía congestionada o agotada e infundir energía fresca y vital para facilitar la curación. Esta modalidad sin contacto se utiliza para diversas dolencias físicas y emocionales, enfatizando la importancia de mantener un sistema de energía equilibrado para la salud en general.

La curación cuántica se basa en los principios de la física cuántica y en la interconexión de la energía y la materia. Los practicantes de la sanación cuántica trabajan con la idea de que los cambios en los aspectos energéticos y vibratorios del cuerpo pueden influir en el bienestar físico y emocional. Las técnicas pueden incluir la visualización, el establecimiento de intenciones y la limpieza de energía para crear un cambio cuántico en el campo de energía del individuo. La sanación cuántica reconoce la relación inherente entre la conciencia y la energía, sugiriendo que los cambios en un aspecto pueden influir en el otro.

La sanación con sonido utiliza las frecuencias vibratorias del sonido para restaurar el equilibrio y promover la curación. Instrumentos como los cuencos tibetanos, los diapasones y los gongs crean frecuencias de resonancia que interactúan con el campo energético del cuerpo. Las vibraciones disuelven los bloqueos energéticos, estimulan el flujo de energía e inducen una relajación profunda. La sanación con sonido es versátil, con prácticas que van desde sesiones individuales hasta experiencias grupales, donde la vibración colectiva contribuye a un intercambio de energía armonioso.

La psicología energética abarca modalidades como la Técnica de Liberación Emocional (EFT) y la Terapia del Campo del Pensamiento (TFT). Estos enfoques combinan principios psicológicos con la comprensión del sistema energético del cuerpo. Al hacer tapping en puntos específicos de acupresión o usar otras técnicas, los practicantes tienen como objetivo liberar bloqueos emocionales y reconfigurar patrones de pensamiento negativos. La psicología energética reconoce el vínculo entre las emociones, los pensamientos y la energía, ofreciendo un enfoque holístico de bienestar mental y emocional.

Arraigada en antiguas prácticas indígenas, la sanación chamánica implica que el practicante entre en estados alterados de conciencia para conectarse con los reinos espirituales para obtener orientación y curación. Se emplean diversas técnicas, como el viaje, la recuperación del alma y la extracción de energía, para abordar los desequilibrios espirituales y las intrusiones energéticas y facilitar la integración de los aspectos perdidos o fragmentados del yo. La sanación chamánica reconoce la importancia de la dimensión espiritual en el bienestar general.

La investigación de diferentes tratamientos de sanación energética expone la amplia gama de estrategias que promueven la armonía, el equilibrio y el bienestar. Cada modalidad tiene sus propias creencias y métodos. Aún así, todos comparten una comprensión del sistema de energía sutil del cuerpo y cómo afecta significativamente el bienestar mental, emocional y espiritual. La integración de técnicas de sanación energética ofrece un enfoque holístico y complementario a la atención médica tradicional a medida que las personas atraviesan sus viajes de bienestar, fomentando un mejor conocimiento de la interconexión entre la energía, la conciencia y el bienestar vibrante.

Cómo la sanación energética puede ayudar en la activación de la Kundalini

La antigua práctica del Kundalini Yoga, arraigada en la profunda sabiduría de la tradición yóguica, revela el potencial transformador de la energía espiritual dormida enroscada en la base de la columna vertebral. Conocida como Kundalini, se cree que esta potente fuerza tiene el poder de la autorrealización y la iluminación espiritual. Si bien el viaje de activación de la Kundalini es profundamente personal y requiere una práctica dedicada, la incorporación de modalidades de sanación energética puede ofrecer un apoyo invaluable para facilitar un despertar suave y armonioso. La sanación energética, que se centra en equilibrar y mejorar el flujo de energía vital de la fuerza vital, se alinea perfectamente con los principios del Kundalini Yoga, creando un enfoque sinérgico de la evolución espiritual.

El Reiki, una técnica japonesa de sanación energética, destaca como una modalidad que complementa el proceso de activación de la Kundalini. Los practicantes de Reiki, en sintonía con la energía de la fuerza vital universal, actúan como conductos para canalizar esta energía hacia el receptor. El toque suave o la técnica de flotar las manos en Reiki se alinea con la sutileza requerida en la activación de Kundalini, donde el practicante busca despertar la energía dormida en su interior. El efecto calmante del Reiki promueve la relajación, lo que favorece el ascenso seguro de la energía Kundalini. Los receptores a menudo reportan sensaciones de calidez, hormigueo y paz profunda durante las sesiones de Reiki, proporcionando un ambiente armonioso para el viaje transformador de Kundalini.

La acupuntura, arraigada en la Medicina Tradicional China, ofrece otra vía para apoyar la activación de la Kundalini a través de la sanación energética. La acupuntura es una medicina china que equilibra el flujo de Qi, o energía de la fuerza vital, colocando cuidadosamente pequeñas agujas en lugares específicos a lo largo de los meridianos del cuerpo. La acupuntura ayuda a armonizar los canales de energía dentro del sistema Kundalini, donde el ascenso de la energía es un punto de enfoque. La acupuntura facilita el libre paso de la energía al tratar posibles obstrucciones o desequilibrios en los meridianos. Esto crea una atmósfera favorable para que la Kundalini se eleve a través del Sushumna, el canal de energía primaria.

La sanación de los chakras, profundamente entrelazada con la filosofía del Kundalini Yoga, enfatiza el funcionamiento equilibrado de los centros energéticos del cuerpo. Los chakras, ruedas giratorias de energía alineadas a lo largo de la columna vertebral, juegan un papel crucial en el proceso de activación de la Kundalini. Las modalidades de sanación energética que se centran en las alineaciones de los chakras, como la meditación, la visualización y el trabajo energético, contribuyen a la purificación y activación de estos centros energéticos. Al asegurar que los chakras estén abiertos y equilibrados, la sanación energética facilita el flujo suave de la energía Kundalini a través de canales sutiles, fomentando el bienestar holístico y el crecimiento espiritual.

La sanación con cristales, aprovechando las frecuencias vibratorias de los cristales y las piedras preciosas, se alinea con los principios energéticos de la activación de la Kundalini. Se cree que los cristales resuenan con centros de energía específicos, lo que los convierte en herramientas valiosas para equilibrar y despertar la Kundalini. Los practicantes pueden colocar cristales en o alrededor del cuerpo, aprovechando sus propiedades únicas para eliminar los bloqueos energéticos y mejorar el flujo de energía Kundalini. El uso intencional de cristales en las sesiones de sanación energética crea un ambiente de apoyo y altamente vibrante propicio para el viaje transformador de Kundalini.

La Sanación Pránica, una modalidad desarrollada por el Maestro Choa Kok Sui, ofrece técnicas específicas para limpiar, energizar y equilibrar el campo energético del cuerpo. El énfasis en el prana, la energía vital de la fuerza vital, resuena con el principio básico de la activación de la Kundalini. La sanación pránica consiste en escanear el cuerpo energético, eliminar la energía congestionada o agotada e infundir energía fresca y vital para facilitar la curación. Esta modalidad no táctil se alinea con la sutileza requerida en el trabajo de Kundalini, donde el practicante tiene como objetivo promover el movimiento ascendente de la energía con precisión y cuidado.

La sanación cuántica, inspirada en los principios de la física cuántica, amplía la comprensión de cómo la sanación energética puede ayudar en la activación de la Kundalini. La sanación cuántica reconoce la interconexión de la energía y la conciencia, lo que sugiere que los cambios en un aspecto pueden influir en el otro. Las técnicas que involucran la visualización, el establecimiento de intenciones y la limpieza de energía crean un cambio cuántico en el campo de energía del individuo. Esto resuena con la naturaleza transformadora de la activación de la Kundalini, donde los cambios en la conciencia y la energía se entrelazan en el viaje hacia la autorrealización.

La sanación con sonido, con su énfasis en las frecuencias vibratorias del sonido, proporciona una dimensión adicional a la sanación energética en el contexto de la activación de la Kundalini. Instrumentos como los cuencos tibetanos, los diapasones y los gongs producen frecuencias de resonancia que interactúan con el campo energético del cuerpo. Las vibraciones disuelven los bloqueos energéticos, estimulan el flujo de energía e inducen una relajación profunda. La sanación con sonido se alinea con la antigua sabiduría del Kundalini Yoga, donde los mantras, los cantos y los sonidos juegan un papel importante en el despertar y la armonización de la energía espiritual dormida.

La psicología energética, que abarca modalidades como la Técnica de Liberación Emocional (EFT) y la Terapia del Campo del Pensamiento (TFT), cierra la brecha entre la psicología y el trabajo energético en la activación de la Kundalini. Estos enfoques combinan principios psicológicos con la comprensión del sistema energético del cuerpo. Al hacer tapping en puntos específicos de acupresión o usar otras técnicas, la psicología energética tiene como objetivo liberar bloqueos emocionales y reconfigurar patrones de pensamiento negativos. Esta integración reconoce la íntima conexión entre las emociones, los pensamientos y la energía, consideraciones esenciales en el proceso de despertar de la Kundalini.

La sanación chamánica, profundamente arraigada en antiguas prácticas indígenas, aporta una dimensión espiritual al panorama de la sanación energética que resuena con la activación de la Kundalini. Las técnicas chamánicas, como el viaje, la recuperación del alma y la extracción de energía, abordan los desequilibrios espirituales y facilitan la integración de aspectos perdidos o fragmentados del yo. La perspectiva chamánica reconoce la importancia de la dimensión espiritual en el bienestar general de un individuo, un elemento fundamental de la activación de la Kundalini.

En conclusión, la integración de las modalidades de sanación energética puede ayudar significativamente a la activación de la Kundalini, proporcionando un valioso apoyo a las personas en su viaje espiritual. Estas modalidades, cada una con principios y técnicas únicas, crean un enfoque holístico y complementario del Kundalini Yoga. La armonización, el equilibrio y la elevación de la energía vital de la fuerza vital fomentada por la sanación energética se alinean perfectamente con el viaje transformador del despertar de la Kundalini, contribuyendo a la evolución de la conciencia, la autorrealización y la conexión cada vez más profunda con la fuerza vital universal. A medida que los practicantes navegan por el camino de la activación de la Kundalini, la sinergia entre la sanación energética y la antigua sabiduría yóguica ilumina un camino de profundo crecimiento espiritual y autodescubrimiento.

Trabajar con curanderos y practicantes

Embarcarse en un viaje de bienestar holístico a menudo implica buscar orientación y apoyo de sanadores y profesionales que se especializan en diversas modalidades. La colaboración entre las personas en su viaje de bienestar y los sanadores experimentados crea una relación dinámica que puede tener un impacto significativo en el bienestar físico, emocional y espiritual. Ya sea que navegue por desafíos de salud específicos, explore el crecimiento personal o profundice en prácticas espirituales, la sinergia entre buscadores y sanadores forma un aspecto crucial del proceso de curación holística.

Los profesionales de la sanación energética son fundamentales para apoyar a las personas que buscan equilibrar y armonizar sus cuerpos energéticos. Modalidades como el Reiki, la Sanación Pránica y el Equilibrio de Chakras implican manipular y mejorar la energía sutil que fluye a través del cuerpo. Cuando se trabaja con sanadores energéticos, las personas a menudo experimentan una profunda sensación de relajación y una liberación de bloqueos energéticos. El practicante sirve como un conducto para canalizar la energía de la fuerza vital universal, eliminar la energía estancada y promover un flujo libre de vitalidad. Las personas pueden participar activamente en su proceso de sanación a través del aspecto colaborativo de las sesiones de sanación energética, lo que fomenta una sensación de empoderamiento y una conexión con la propia fuerza vital.

Además, los profesionales de la medicina tradicional, como médicos, enfermeras y otros especialistas médicos, son esenciales para lograr el bienestar holístico. Los métodos de medicina integrativa reconocen los beneficios de las terapias terapéuticas complementarias y alternativas, además de los procedimientos médicos tradicionales. La colaboración con los profesionales de la medicina convencional garantiza un conocimiento profundo de la salud y el bienestar de una persona. Las personas pueden desarrollar una estrategia integral que tenga en cuenta las facetas físicas y energéticas de su salud mediante el intercambio de ideas sobre prácticas holísticas. Un proceso de toma de decisiones colaborativo y bien informado se ve facilitado por la comunicación abierta y transparente y la transparencia entre los pacientes y los proveedores de atención médica.

Los consejeros y terapeutas holísticos ofrecen apoyo en los frentes emocional y psicológico, abordando la naturaleza interconectada de la salud mental y física. Modalidades como la psicoterapia, el asesoramiento y las terapias basadas en la atención plena brindan a las personas herramientas para superar los desafíos, procesar las emociones y cultivar la resiliencia. La relación terapéutica fomenta un espacio seguro para que las personas exploren las causas fundamentales de los desequilibrios emocionales y desarrollen estrategias de afrontamiento. Colaborar con consejeros holísticos permite a las personas obtener información sobre la conexión mente-cuerpo, creando una base para el bienestar integral.

Los nutricionistas y dietistas son cruciales para guiar a las personas hacia una salud física óptima a través de planes dietéticos personalizados. No se puede exagerar la importancia de la nutrición en el bienestar holístico, ya que los alimentos que consumimos influyen directamente en nuestros niveles de energía, claridad mental y vitalidad general. La colaboración con profesionales de la nutrición permite a las personas adaptar sus dietas para satisfacer sus necesidades de salud únicas. La integración de la orientación nutricional con otras modalidades de curación garantiza un enfoque holístico del bienestar, abordando las necesidades físicas del cuerpo junto con el equilibrio energético y emocional.

Para aquellos que están en un viaje espiritual, buscar la guía de guías espirituales y mentores puede proporcionar un apoyo invaluable. Estas personas a menudo comprenden profundamente las prácticas espirituales, la meditación y las antiguas tradiciones de sabiduría. Ya sea explorando el despertar de la Kundalini, las técnicas de meditación o conectando con estados superiores de conciencia, los guías espirituales ofrecen ideas y técnicas para facilitar el crecimiento personal y la autorrealización. A lo largo del camino espiritual, la conexión mentor-aprendiz proporciona apoyo y dirección al fomentar la comunidad y el descubrimiento compartido.

Los profesionales del trabajo corporal y el movimiento, incluidos los masajistas, los instructores de yoga y los practicantes somáticos, contribuyen al bienestar holístico al abordar el cuerpo físico. Las modalidades de trabajo corporal liberan la tensión, mejoran la circulación y apoyan los procesos naturales de curación del cuerpo. Colaborar con estos profesionales mejora la sensación general de bienestar, promoviendo la flexibilidad, la relajación y la alineación.

A través del masaje terapéutico, el yoga o las prácticas de movimiento somático, las personas pueden cuidar y mantener activamente sus cuerpos físicos, complementando otros aspectos de su viaje de bienestar holístico.

Los profesionales de la mente y el cuerpo, incluidos los que se especializan en atención plena, meditación y respiración, ofrecen estrategias para desarrollar la estabilidad emocional, la claridad mental y la calma interior. Trabajar con estos profesionales permite a las personas crear prácticas de atención plena que se adapten a sus necesidades y objetivos. Métodos como la meditación de atención plena ayudan a las personas a sentirse menos estresadas, a concentrarse mejor y a tener una mejor salud emocional. Las personas pueden incorporar estas técnicas en su vida diaria con el apoyo de profesionales de la mente y el cuerpo, creando una base duradera para el bienestar holístico.

Los herbolarios y los profesionales de la medicina alternativa ofrecen información sobre los remedios naturales y las terapias basadas en plantas que pueden apoyar la salud en general. La medicina herbal, las prácticas curativas tradicionales y las terapias alternativas pueden complementar los enfoques médicos convencionales. Colaborar con herbolarios permite a las personas explorar los beneficios de los remedios botánicos, los suplementos dietéticos y los enfoques holísticos para el bienestar. La integración de la medicina alternativa con otras modalidades de curación ofrece un enfoque diverso y personalizado para el bienestar holístico.

Al navegar por el proceso de colaboración con sanadores y practicantes, se anima a las personas a abordar cada interacción con una mente abierta y una comunicación clara. Establecer confianza y compenetración con estos profesionales fomenta un entorno de apoyo para la curación holística. Para garantizar un enfoque personalizado e integral, las personas deben participar activamente en su proceso de tratamiento comunicando sus experiencias, preocupaciones y objetivos a los profesionales. Una potente sinergia que reconoce la naturaleza compleja del bienestar holístico se produce cuando los buscadores y los sanadores trabajan juntos, abriendo la puerta a un bienestar transformador y duradero.

CAPÍTULO VII

Desafíos y soluciones

Obstáculos comunes que se enfrentan durante el despertar de la Kundalini

El viaje del despertar de la Kundalini, una profunda transformación espiritual y un proceso de autorrealización, no está exento de desafíos. A medida que los individuos navegan por los intrincados caminos del ascenso de la energía y la conciencia elevada, pueden encontrar varios obstáculos que ponen a prueba su determinación y comprensión. Reconocer y comprender estos obstáculos comunes es crucial para aquellos en el camino de la Kundalini, ya que permite una navegación informada y empoderada a través de los altibajos de este viaje transformador.

Intensidad de la energía: Uno de los principales obstáculos que se enfrentan durante el despertar de la Kundalini es la intensidad de la energía que acompaña a la Kundalini ascendente. A medida que esta potente energía asciende a través del canal de energía central, conocido como Sushumna, las personas pueden experimentar sensaciones abrumadoras, oleadas de energía y estados elevados de conciencia. La intensidad puede ser difícil de integrar en la vida diaria, lo que lleva a sentimientos de desorientación o incluso malestar físico. Los practicantes deben cultivar prácticas que arraiguen y estabilicen su energía, como la respiración consciente, el movimiento suave y pasar tiempo en la naturaleza.

Liberación emocional: El despertar de Kundalini a menudo desencadena una profunda liberación de emociones almacenadas, recuerdos y experiencias no resueltas. Esta liberación emocional puede manifestarse como cambios de humor intensos, mayor sensibilidad o incluso períodos de turbulencia emocional. Las personas pueden enfrentarse a traumas pasados o a miedos profundamente arraigados durante este proceso. El reto consiste en navegar por estas corrientes emocionales con autocompasión y comprensión. La integración de prácticas terapéuticas, como escribir un diario, asesorar o participar en la expresión creativa, puede proporcionar una salida constructiva para procesar y liberar estas emociones.

Malestar físico: La activación de la energía Kundalini

puede tener efectos tangibles en el cuerpo físico, que van desde un malestar leve hasta sensaciones más pronunciadas. Los practicantes pueden experimentar calambres musculares, movimientos involuntarios o sensaciones de calor o frío. Estas manifestaciones físicas pueden ser desconcertantes, y las personas pueden preguntarse si estas sensaciones indican un problema de salud. Buscar la orientación de profesionales de la salud holística que entiendan la dinámica de la Kundalini puede ayudar a las personas a diferenciar entre las sensaciones energéticas normales y los posibles problemas de salud, proporcionando tranquilidad y el apoyo adecuado.

Interrupción de la vida diaria: El despertar de la Kundalini es un proceso transformador que puede alterar las rutinas y patrones establecidos. A medida que las personas experimentan cambios en la conciencia y la energía, puede resultarles difícil mantener una sensación de normalidad en su vida diaria. Las relaciones, el trabajo y la dinámica social pueden verse influenciados, lo que lleva a un período de adaptación. Equilibrar las demandas de las responsabilidades diarias con el enfoque interno requerido para la activación de la Kundalini plantea un desafío común. La integración de prácticas de atención plena, estrategias de gestión del tiempo y comunicación con los seres queridos puede ayudar a las personas a navegar este período de transición.

Experiencias psíquicas inquietantes: A medida que la energía Kundalini activa estados superiores de conciencia, los individuos pueden encontrar experiencias psíquicas que desafían su comprensión de la realidad. Estas experiencias pueden incluir sueños vívidos, intuición aumentada o incluso vislumbres de estados expandidos de conciencia. Si bien estos fenómenos psíquicos pueden ser esclarecedores, también pueden ser inquietantes para aquellos que no están preparados para tales encuentros. Establecer una práctica de arraigo, como la meditación o pasar tiempo en la naturaleza, ayuda a las personas a anclar su conciencia en medio de la inmensidad de las experiencias psíquicas, fomentando un enfoque equilibrado e integrado.

Disolución del ego: El despertar de Kundalini a menudo cataliza un proceso de disolución del ego, desafiando la identificación del individuo con el yo. Esta disolución del ego puede evocar una sensación de crisis existencial a medida que los individuos lidian con la impermanencia de su autoconcepto. El miedo a perder el sentido de identidad puede crear resistencia al proceso de transformación. Adoptar prácticas que cultivan la autoconciencia, como la autoindagación y la atención plena, permite a las personas navegar por la disolución del ego con mayor comprensión y aceptación.

Falta de orientación: Embarcarse en el viaje de la Kundalini sin la guía adecuada puede ser un obstáculo importante. La naturaleza esotérica del despertar de la Kundalini requiere una comprensión matizada de la dinámica energética, los principios espirituales y la integración de los estados superiores de conciencia. Con la orientación adecuada, las personas pueden sentirse seguras y tranquilas por la intensidad de la experiencia. Buscar el apoyo de mentores experimentados, maestros o comunidades espirituales puede proporcionar conocimientos invaluables y un sentido de comunidad, ayudando a las personas a navegar por las complejidades de la activación de la Kundalini con mayor claridad y apoyo.

Miedo y resistencia: El miedo que proviene de lo desconocido o de la intensidad de las experiencias de Kundalini puede crear resistencia dentro del practicante. El miedo a perder el control, a enfrentarse a lo desconocido o a enfrentarse a retos puede obstaculizar el flujo natural de la energía Kundalini. Cultivar prácticas que aborden la ansiedad, como la atención plena, la respiración y las afirmaciones, permite a las personas superar la resistencia con valentía y una confianza más profunda en el proceso de desarrollo.

En conclusión, si bien el despertar de la Kundalini es un viaje transformador que conduce a una mayor conciencia y autorrealización, no está exento de desafíos. Reconocer y comprender estos obstáculos comunes permite a las personas abordar su viaje de Kundalini con resiliencia, autocompasión y una mentalidad proactiva. Aceptar el apoyo de mentores experimentados, integrar prácticas de arraigo y fomentar un enfoque holístico del bienestar puede contribuir a una experiencia más armoniosa y empoderadora de activación de la Kundalini. A medida que los practicantes navegan por las complejidades de este profundo viaje, los desafíos encontrados se convierten en oportunidades para el crecimiento, el autodescubrimiento y el desarrollo de una conexión más profunda con la fuerza vital universal.

Estrategias para superar los desafíos

Embarcarse en el viaje transformador del despertar de la Kundalini es una tarea profunda y personal que puede presentar varios desafíos. A medida que los individuos navegan por los intrincados caminos de la conciencia elevada y la ascensión energética, el desarrollo de estrategias para superar los obstáculos que puedan surgir durante este proceso transformador se vuelve esencial. Estas estrategias empoderan a los practicantes para navegar por los desafíos con resiliencia, autoconciencia y propósito, fomentando una experiencia armoniosa y transformadora del despertar de la Kundalini.

Cultivar la atención plena y la presencia: Una estrategia fundamental para superar los desafíos en el despertar de la Kundalini es cultivar la atención plena y la presencia. Al desarrollar una mayor conciencia del momento presente, los practicantes pueden navegar mejor por las sensaciones, emociones y experiencias psíquicas intensas. La respiración consciente y otras técnicas de atención plena, como la meditación, proporcionan habilidades para mantener el centrado y la conexión a tierra frente a los cambios de energía y conciencia. Ser consciente permite a las personas ver las dificultades a medida que surgen sin apegarse, lo que promueve la estabilidad y la fuerza interior.

Prácticas de conexión a tierra: Las prácticas de conexión a tierra juegan un papel crucial en la superación de los desafíos asociados con la intensidad de la energía Kundalini. Anclar la energía elevada en el cuerpo físico se puede lograr mediante varias técnicas, como andar descalzo en superficies naturales, pasar tiempo en la naturaleza o imaginar raíces que se adentran en la tierra. Al ofrecer estabilidad y equilibrio, las técnicas de conexión a tierra ayudan a las personas a evitar ser superadas por los cambios energéticos que vienen con el despertar de Kundalini. Participar en ejercicios de conexión a tierra con regularidad ayuda a experimentar el proceso de transformación de una manera más integrada y centrada.

Establecer un sistema de apoyo: La creación de un sistema de apoyo es fundamental para superar los desafíos durante el despertar de la Kundalini. Buscar la orientación de mentores experimentados, unirse a comunidades espirituales o conectarse con personas de ideas afines que han pasado por experiencias similares fomenta un sentido de comprensión y exploración compartida. Tener un sistema de apoyo proporciona un espacio para el diálogo abierto, el intercambio de ideas y el estímulo mutuo. Este enfoque colaborativo ayuda a los practicantes a sentirse menos aislados, reforzando un sentido de comunidad y crecimiento compartido en el camino de la Kundalini.

Integración de prácticas holísticas: La integración de una variedad de prácticas holísticas apoya el bienestar general de las personas que experimentan el despertar de la Kundalini. Las prácticas complementarias como el yoga, la respiración, la sanación con sonido y el trabajo corporal contribuyen a un enfoque holístico, abordando los aspectos físicos, emocionales y energéticos del viaje transformador. Las prácticas holísticas crean un efecto sinérgico, mejorando la resiliencia general del individuo y proporcionando diversas herramientas para sortear los desafíos. La integración de múltiples modalidades permite a los practicantes adaptar su enfoque a la dinámica única de su experiencia de Kundalini.

Buscar orientación profesional: En algunos casos, buscar orientación profesional de profesionales con experiencia en la dinámica de Kundalini puede ofrecer información y apoyo valiosos. Los profesionales de la salud holística, los sanadores energéticos y los mentores espirituales que comprenden los matices del despertar de la Kundalini pueden proporcionar orientación adaptada a las necesidades del individuo. Esta colaboración garantiza que los desafíos se aborden con una comprensión integral de los aspectos energéticos y físicos del proceso transformador. La búsqueda de orientación profesional mejora la capacidad de los profesionales para superar los desafíos con un apoyo informado y personalizado.

Adoptar un enfoque fluido: Adoptar un enfoque fluido y adaptable es esencial para superar los desafíos en el Despertar de la Kundalini. El viaje transformador es inherentemente dinámico y las experiencias pueden variar de una persona a otra. Adoptar un enfoque fluido implica dejar de lado las expectativas rígidas y permitir que el proceso se desarrolle orgánicamente. Esta adaptabilidad permite a los profesionales responder a los desafíos con creatividad, resiliencia y la voluntad de explorar nuevas estrategias según sea necesario. Al abrazar la naturaleza fluida del viaje de Kundalini, las personas pueden navegar por los desafíos con un sentido de curiosidad y apertura.

Autorreflexión y Diario: Participar en la autorreflexión y el diario con regularidad proporciona una salida valiosa para procesar las experiencias, emociones y percepciones encontradas durante el despertar de la Kundalini. La escritura permite a las personas explorar su paisaje interior, rastrear patrones y obtener claridad sobre los desafíos que pueden surgir. Escribir un diario es una herramienta terapéutica para expresar pensamientos y sentimientos, fomentando una comprensión más profunda del viaje transformador. Al cultivar la autoconciencia a través de prácticas reflexivas, los profesionales pueden identificar desafíos recurrentes, realizar un seguimiento del progreso y desarrollar estrategias personalizadas para superar los obstáculos.

Paciencia y entrega: Cultivar la paciencia y la entrega es una estrategia fundamental para superar los desafíos en el despertar de la Kundalini. El proceso de transformación se desarrolla a su propio ritmo, y el viaje de cada individuo es único. Se anima a los practicantes a abrazar el flujo y reflujo de la experiencia Kundalini con paciencia, confiando en la sabiduría innata del proceso. Rendirse al ritmo natural del viaje permite a las personas liberar la resistencia, reducir la ansiedad y abordar los desafíos con un sentido de rendición a las fuerzas transformadoras en juego.

En conclusión, las estrategias para superar los desafíos en el Despertar de Kundalini abarcan un enfoque holístico y multifacético. Al integrar la atención plena, las prácticas de arraigo, un sistema de apoyo, las modalidades holísticas, la orientación profesional, la adaptabilidad, la autorreflexión y la paciencia, los profesionales se empoderan para navegar por las complejidades del viaje transformador con resiliencia y gracia. Cuando se utilizan estas técnicas, las personas tienen un arsenal completo para ayudarles a enfrentar los obstáculos con autoconciencia, propósito y un corazón abierto, lo que promueve una experiencia de despertar de Kundalini pacífica y transformadora.

Buscar orientación y apoyo

Comenzar el proceso transformador y complejo del despertar de la Kundalini con frecuencia requiere ayuda y dirección. La activación de la energía latente en la base de la columna vertebral es un signo de este viaje espiritual, que puede resultar en estados elevados de conciencia y autorrealización. Obtener orientación se vuelve esencial para garantizar un camino de despertar de Kundalini equilibrado y armonioso a medida que las personas atraviesan las complejidades de los cambios energéticos, la conciencia expandida y la integración de experiencias espirituales.

Tutoría y guías experimentados: Una de las principales vías para buscar orientación en el Despertar de la Kundalini es a través de la tutoría y guías experimentados. Aquellos que han recorrido el camino antes, los practicantes experimentados o los maestros espirituales con experiencia en la dinámica de Kundalini pueden ofrecer ideas y apoyo invaluables. La relación mentor-aprendiz proporciona un enfoque personalizado para comprender los matices del viaje de Kundalini. Los guías experimentados pueden guiar a través de los desafíos, interpretando las experiencias espirituales y manteniendo el equilibrio durante el proceso de transformación. Esta tutoría fomenta un sentido de confianza, lo que permite a las personas compartir abiertamente sus experiencias y recibir asesoramiento personalizado basado en la sabiduría y el conocimiento de primera mano del mentor.

Comunidades espirituales y grupos de apoyo: Comprometerse con comunidades espirituales y grupos de apoyo dedicados al despertar de la Kundalini crea un sentido de exploración y comprensión compartidas. Los foros en línea, las reuniones locales o las reuniones organizadas por comunidades espirituales proporcionan plataformas para que las personas se conecten con buscadores de ideas afines. Los sentimientos de soledad que ocasionalmente pueden acompañar el viaje de Kundalini disminuyen al compartir experiencias, ideas y dificultades con un grupo solidario. Estas comunidades con frecuencia incluyen miembros en diferentes fases del proceso de despertar, lo que resulta en un rico tapiz de puntos de vista y aliento.

Practicantes holísticos profesionales: Los practicantes holísticos con experiencia en la dinámica de Kundalini, la sanación energética y el asesoramiento espiritual ofrecen orientación experimentada para las personas que experimentan el despertar de Kundalini. Los sanadores energéticos, los practicantes de Reiki y los consejeros holísticos que entienden las sutilezas del trabajo energético pueden brindar apoyo personalizado. Estos profesionales pueden utilizar modalidades que se alinean con las necesidades del individuo, como la limpieza de energía, el equilibrio de chakras y el asesoramiento terapéutico. Buscar la orientación de profesionales holísticos garantiza un enfoque integral que considere tanto los aspectos energéticos como emocionales del viaje del despertar de la Kundalini.

Instructores de Yoga y Meditación: Los instructores de yoga y meditación, principalmente aquellos bien versados en Kundalini Yoga, ofrecen orientación sobre prácticas que mejoran la experiencia Kundalini. Con sus posturas específicas, trabajo de respiración (pranayama) y meditaciones, el Kundalini Yoga está diseñado para facilitar el ascenso seguro y efectivo de la energía Kundalini. Los instructores especializados en Kundalini Yoga pueden guiar prácticas personalizadas para apoyar el viaje único del individuo. La asistencia regular a clases y talleres de Kundalini Yoga dirigidos por instructores experimentados garantiza un entorno estructurado y de apoyo para que los practicantes profundicen su comprensión y refinen sus prácticas.

Integración de la sabiduría tradicional: Buscar orientación en fuentes arraigadas en la sabiduría tradicional, como escrituras, textos y enseñanzas antiguas, ofrece un enfoque atemporal y fundamental para el despertar de la Kundalini. Muchas tradiciones espirituales, incluidas las del hinduismo, el budismo y el taoísmo, contienen profundos conocimientos sobre la naturaleza de la conciencia, la energía y el camino espiritual. Las personas que exploran el Despertar de la Kundalini pueden beneficiarse del estudio de estos textos o de la búsqueda de orientación de eruditos y practicantes inmersos en la sabiduría tradicional. La integración de las enseñanzas eternas de varias tradiciones ofrece un conocimiento más excelente del camino espiritual.

Apoyo terapéutico: El apoyo terapéutico, que incluye psicoterapia y asesoramiento, puede beneficiar a las personas que experimentan el despertar de la Kundalini, especialmente cuando se enfrentan a desafíos emocionales o psicológicos. Los terapeutas capacitados en psicología transpersonal o que tienen una comprensión de las experiencias espirituales pueden proporcionar un espacio seguro para que las personas exploren los aspectos psicológicos de su viaje. La integración del apoyo terapéutico junto con la guía espiritual garantiza un enfoque holístico que aborda las dimensiones espirituales y psicológicas del proceso de despertar de la Kundalini.

Recursos educativos y talleres: Acceder a recursos educativos y asistir a talleres sobre el Despertar de la Kundalini contribuye a un viaje informado y empoderado. Libros, documentales, cursos en línea y talleres dirigidos por expertos de renombre ofrecen una gran cantidad de información y orientación práctica. Estos recursos proporcionan información sobre la mecánica de la energía Kundalini, las experiencias asociadas con el proceso de despertar y las estrategias para navegar por los desafíos. Al expandir continuamente su conocimiento, las personas obtienen una comprensión más profunda de sus experiencias y pueden tomar decisiones informadas sobre su camino espiritual.

Reflexión personal y guía interna: Si bien la búsqueda de orientación externa es esencial, cultivar la reflexión personal y la guía interna constituye un aspecto fundamental del viaje del despertar de la Kundalini. La meditación, la introspección y la autoindagación facilitan una conexión directa con la sabiduría interior de uno. Escuchar la guía interior que surge durante la quietud permite a las personas desarrollar una comprensión profunda de su camino único. Confiar en la propia intuición y en la inteligencia innata de la energía Kundalini fomenta un sentido de autoempoderamiento y profundiza la conexión con el yo superior.

En conclusión, la búsqueda de orientación y apoyo es un aspecto dinámico y multifacético del viaje del despertar de la Kundalini. El enfoque colaborativo que involucra tutoría, comunidades espirituales, practicantes holísticos, instructores de yoga, sabiduría tradicional, apoyo terapéutico, recursos educativos y reflexión personal crea un sistema de apoyo integral para los practicantes. La integración de la guía externa con la sabiduría interior garantiza un enfoque equilibrado, informado y empoderado para navegar por las complejidades del despertar de la Kundalini. A medida que las personas se abren a la guía de diversas fuentes, crean un rico tapiz de apoyo que mejora su viaje transformador hacia la autorrealización y la conciencia elevada.

CAPÍTULO VIII

Integración de la energía Kundalini en la vida diaria

Equilibrar el crecimiento espiritual con las responsabilidades cotidianas

En el panorama acelerado y exigente de la vida moderna, las personas que buscan el crecimiento espiritual a menudo enfrentan el desafío de integrar su viaje interior con las demandas prácticas de las responsabilidades cotidianas. La búsqueda del desarrollo espiritual, marcada por la introspección, la atención plena y una conexión cada vez más profunda con el yo superior, a veces puede parecer contraria a las obligaciones apremiantes del trabajo, la familia y los compromisos sociales. Sin embargo, la integración armoniosa de las prácticas espirituales en la vida diaria mejora el bienestar personal y fomenta un sentido de propósito y satisfacción al navegar por las complejidades del mundo.

Navegar por el delicado equilibrio entre el crecimiento espiritual y las responsabilidades cotidianas comienza con un cambio fundamental de perspectiva. En lugar de ver estos dos aspectos de la vida como mutuamente excluyentes, las personas pueden abrazar la idea de que las prácticas espirituales pueden enriquecer y complementar el cumplimiento de los deberes diarios. Reconocer la naturaleza interconectada de los reinos interno y externo crea una base para un enfoque holístico de la vida que integra los valores espirituales en el tejido de la existencia diaria.

Un elemento central de esta integración es cultivar la atención plena en todos los aspectos de la vida. La atención plena, arraigada en el momento presente, permite a las personas aumentar la conciencia de sus acciones, pensamientos e interacciones. Ya sea que se dediquen a tareas profesionales, responsabilidades familiares o interacciones sociales, la atención plena permite a las personas infundir en cada momento un sentido de presencia e intención. Al alinear las acciones cotidianas con principios espirituales como la compasión, la gratitud y la autenticidad, las personas pueden tejer su crecimiento espiritual sin problemas en el tapiz de su vida diaria.

A menudo se perciben como rutinas mundanas y prácticas que proporcionan un terreno fértil para la integración de prácticas espirituales. Considere el simple acto de los rituales matutinos, rutinas que marcan el tono del día. La incorporación de elementos de atención plena, como la respiración consciente, los ejercicios de gratitud o los breves momentos de reflexión, transforma estos rituales en oportunidades para la conexión espiritual. Al infundir intencionalidad en las actividades rutinarias, las personas pueden crear un espacio sagrado dentro de lo ordinario, fomentando una alineación espiritual a lo largo del día.

Las personas pasan muchas de sus horas de vigilia en el trabajo, por lo que presenta una oportunidad única para equilibrar el desarrollo personal y profesional. La integración de la atención plena en las tareas laborales, la adopción de un enfoque compasivo hacia los colegas y la búsqueda de momentos de quietud en medio del ajetreo contribuyen a una presencia espiritual en el lugar de trabajo. Además, ver el trabajo como una vía para expresar los propios valores y contribuir positivamente al mundo eleva los aspectos mundanos de la vida profesional a un propósito superior. La dicotomía entre lo espiritual y lo práctico se disuelve cuando el trabajo se convierte en una forma de expresión y servicio consciente.

Con sus innumerables responsabilidades y relaciones, la vida familiar presenta desafíos y oportunidades para la integración espiritual. Se involucra en la crianza consciente, donde los momentos de conexión y presencia prevalecen sobre las distracciones, y nutre una conexión espiritual dentro de la dinámica familiar. Los actos simples, como compartir las comidas conscientemente, expresar gratitud y fomentar la comunicación abierta, se convierten en conductos para el crecimiento espiritual dentro del marco familiar. Reconocer las lecciones espirituales inherentes a los desafíos domésticos anima a las personas a abordar la vida familiar como un viaje transformador.

Las interacciones sociales dentro de las comunidades o las amistades ofrecen otras vías para alinear el crecimiento espiritual con los compromisos cotidianos. Participar en conversaciones conscientes, cultivar conexiones empáticas y contribuir positivamente a los círculos sociales se convierten en actos intencionales de expresión espiritual. Al aportar autenticidad, bondad y compasión a la dinámica social, las personas elevan su viaje espiritual y contribuyen al bienestar colectivo de sus comunidades.

El arte de equilibrar el crecimiento espiritual con las responsabilidades cotidianas también implica reconocer la inevitabilidad de los desafíos y contratiempos. La vida es inherentemente dinámica, y las circunstancias imprevistas pueden alterar incluso las rutinas bien establecidas. Durante estos tiempos difíciles, la integración de las prácticas espirituales se convierte en una fuente de resiliencia y arraigo. Las personas pueden sortear los desafíos con aplomo y adaptabilidad aprovechando los recursos internos cultivados a través de la atención plena, la introspección y la conexión con un propósito superior.

La gestión del tiempo es un componente crucial para lograr un equilibrio entre las obligaciones diarias y el desarrollo espiritual. Anima a las personas a dar prioridad a las actividades que son coherentes con sus creencias y mejoran su bienestar. Dedicar tiempos específicos a actividades espirituales, como la oración, la meditación o la escritura reflexiva, crea un patrón regular que fomenta el desarrollo continuo.

Además, el cultivo de la autocompasión juega un papel fundamental en el mantenimiento del equilibrio. Reconocer que el crecimiento espiritual es un proceso gradual y que las desviaciones ocasionales de la rutina son naturales permite a las personas acercarse a sí mismas con amabilidad en lugar de juzgar. La autocompasión se convierte en una fuerza guía que anima a las personas a volver a sus prácticas espirituales con una dedicación renovada, fomentando un enfoque sostenible y compasivo para integrar lo espiritual y lo práctico.

En esencia, equilibrar el crecimiento espiritual con las responsabilidades cotidianas no se trata de crear una dicotomía rígida, sino más bien de tejer un tapiz sin fisuras que abarque tanto lo sagrado como lo ordinario. La integración de las prácticas espirituales en la vida diaria es un viaje continuo que transforma las actividades rutinarias en oportunidades para la atención plena, la compasión y el autodescubrimiento. Al abordar cada momento con una mayor conciencia e intencionalidad, las personas pueden navegar por las complejidades del mundo moderno mientras fomentan una conexión profunda y significativa con su esencia espiritual. En esta integración armoniosa, la búsqueda del crecimiento espiritual se convierte en una fuerza transformadora que enriquece cada faceta de la vida, creando una existencia dinámica y con propósito.

Incorporar las prácticas de Kundalini en las rutinas diarias

La antigua sabiduría de Kundalini, una potente forma de energía espiritual que se cree que reside en la base de la columna vertebral, ha cautivado a los buscadores en el camino de la autorrealización durante siglos. Las prácticas de Kundalini, arraigadas en varias tradiciones espirituales orientales, ofrecen un viaje transformador de despertar e iluminación. Si bien el atractivo de esta energía profunda radica en su potencial para desbloquear estados superiores de conciencia, la integración de las prácticas de Kundalini en las rutinas diarias es un aspecto crucial para aprovechar y armonizar esta poderosa fuerza dentro del contexto de la vida moderna.

La base de la incorporación de las prácticas de Kundalini en la vida diaria comienza con el reconocimiento de que el crecimiento espiritual no se limita a momentos designados de meditación o prácticas rituales; En cambio, es un proceso dinámico y continuo que puede infundir todos los aspectos de nuestra existencia. Al invertir las prácticas de Kundalini en las rutinas diarias, los individuos crean una sinergia sagrada entre los reinos interno y externo, fomentando una forma de vida armoniosa y transformadora.

Sadhana matutina y rituales: La mañana sirve como un potente lienzo para establecer el tono del día a través de la práctica de Sadhana, una práctica espiritual dedicada. Los practicantes de Kundalini a menudo participan on la Sadhana matutina, que generalmente incluye una combinación de Kundalini Yoga, meditación, canto de mantras y trabajo de respiración. Estas prácticas están diseñadas para despertar la energía dormida y alinear al practicante con el ser superior. La incorporación de una Sadhana personalizada en la rutina matutina crea un espacio sagrado para la comunión con lo divino, estableciendo un tono positivo y elevado para el día siguiente.

Trabajo de respiración a lo largo del día: El trabajo de respiración consciente, o Pranayama, es un aspecto fundamental de las prácticas de Kundalini. La respiración une las dimensiones física y energética, y la incorporación de la respiración consciente en las actividades diarias mejora la conciencia y la vitalidad. Técnicas simples, como el Aliento de Fuego o la Respiración Larga y Profunda, se pueden entretejer sin problemas en las rutinas diarias. Ya sea que se esté viajando, trabajando en un escritorio o participando en tareas domésticas, la regulación consciente de la respiración cultiva un sentido de centramiento y presencia, alineando al individuo con el flujo rítmico de la energía Kundalini.

Movimiento consciente y descansos de Kundalini Yoga: En medio de horarios agitados, la incorporación de breves descansos de Kundalini Yoga se convierte en una forma práctica y rejuvenecedora de infundir energía espiritual en la vida diaria. Con sus posturas únicas, movimientos dinámicos y secuencias específicas, el Kundalini Yoga está diseñado para despertar y canalizar la energía Kundalini. La integración de breves sesiones de Kundalini Yoga, aunque sea por unos minutos, ofrece la oportunidad de liberar tensiones, mejorar la flexibilidad y vigorizar los centros de energía. Estas pausas de movimiento consciente contribuyen al bienestar general al tiempo que proporcionan una experiencia tangible del potencial transformador de la Kundalini.

Mantras y prácticas de canto: El poder vibratorio del canto de mantras es una potente herramienta para conectarse con las dimensiones espirituales de la energía Kundalini. Incorporar prácticas de mantras en las rutinas diarias, ya sea durante una meditación matutina o como un ritual de conexión a tierra antes de acostarse, establece una resonancia con frecuencias específicas que elevan la conciencia. Los mantras simples, como el universalmente poderoso "Sat Nam" (La verdad es mi identidad), se pueden recitar en silencio o en voz alta, infundiendo las actividades diarias con vibraciones sagradas y mejorando la conexión del practicante con lo divino.

Alimentación consciente y nutrición: Comer no es solo una necesidad fisiológica, sino también una oportunidad para el compromiso consciente con la energía de la nutrición. Los practicantes de Kundalini enfatizan la importancia de comer conscientemente, viendo la comida como una fuente de prana (energía de fuerza vital). Al acercarse a las comidas con gratitud, atención plena y conciencia de las cualidades energéticas de los alimentos, las personas pueden transformar el comer en un acto sagrado. Este enfoque consciente de la nutrición alinea la energía del cuerpo con la intención espiritual de las prácticas de Kundalini, promoviendo la vitalidad y el equilibrio general.

Reflexión y meditación vespertinas: A medida que el día termina, la incorporación de prácticas reflexivas y meditación crea un puente entre las actividades externas y los reinos internos. La meditación nocturna, ya sea guiada o en silencio, permite a las personas procesar las experiencias del día, liberar el estrés acumulado y estar en sintonía con las corrientes más sutiles de la energía Kundalini. La creación de un espacio tranquilo y sagrado para la reflexión nocturna mejora la integración de las prácticas de Kundalini en el ritmo diario, fomentando una sensación de plenitud y armonía interior.

Transiciones intencionales: Las transiciones entre varias actividades brindan oportunidades para infundir la atención plena y la energía Kundalini en las rutinas diarias. Ya sea que se haga la transición del trabajo al tiempo personal, de una tarea a otra, o de la vigilia al sueño, establecer conscientemente las intenciones y reconocer los cambios en la energía mejora el flujo general de las prácticas de Kundalini. Las transiciones intencionales sirven como recordatorios de las corrientes espirituales subyacentes que impregnan la vida diaria, fomentando una conciencia continua del viaje transformador.

Espacios y altares sagrados: La creación de un espacio sagrado o altar dentro del entorno vital es un recordatorio visual del compromiso espiritual y la conexión con las prácticas de Kundalini. Este espacio designado puede estar adornado con símbolos, imágenes u objetos significativos que evoquen una sensación de reverencia. Pasar tiempo regularmente en este espacio sagrado, ya sea para meditar, orar o reflexionar en silencio, refuerza la integración de las prácticas de Kundalini en la rutina diaria, fomentando una conexión continua y consciente con lo divino.

Incorporar las prácticas de Kundalini en las rutinas diarias es un proceso dinámico y creativo que transforma las actividades mundanas en oportunidades para el despertar espiritual. Al infundir la vida cotidiana con la vitalidad de la energía Kundalini, las personas cierran la brecha entre lo sagrado y lo ordinario, cultivando una forma holística de vida que se alinea con el potencial transformador de esta sabiduría ancestral. La integración armoniosa de las prácticas de Kundalini en las rutinas diarias mejora el bienestar individual y fomenta una conexión más profunda con lo divino dentro del tapiz de la vida moderna.

Fomentar el desarrollo espiritual continuo

El viaje del desarrollo espiritual es un proceso dinámico y continuo, un peregrinaje de autodescubrimiento que se extiende más allá de las percepciones momentáneas o las revelaciones fugaces. Nutrir el desarrollo espiritual continuo implica cultivar una relación consciente y evolutiva con el yo, lo divino y el tejido interconectado de la existencia. A diferencia de un destino, el crecimiento espiritual es un viaje perpetuo marcado por la profundización de la autoconciencia, la expansión de la conciencia y un compromiso inquebrantable con la transformación interior. Embarcarse en este profundo viaje y sostenerlo en el tiempo requiere un enfoque multifacético que integre diversas prácticas, perspectivas y una comprensión profunda de la naturaleza cíclica del crecimiento.

En el corazón del desarrollo espiritual continuo se encuentra la esencia de la autoconciencia. Esta cualidad fundamental sirve como una brújula que guía a los individuos a través del laberinto de sus paisajes interiores. Cultivar la autoconciencia implica un proceso continuo de introspección, autorreflexión y la voluntad de confrontar las capas de condicionamiento y los patrones egoicos que pueden oscurecer la verdadera esencia del propio ser. A través de la meditación, la atención plena y la contemplación, las personas buscan comprender la naturaleza de sus pensamientos, emociones y las corrientes sutiles de conciencia que dan forma a sus experiencias.

Entender que el crecimiento espiritual ocurre en ciclos y etapas, de acuerdo con las estaciones de la naturaleza, es esencial para el progreso espiritual continuo. Aceptar la naturaleza cíclica del desarrollo espiritual permite a las personas manejar los altibajos de la vida con aceptación y gracia. Hay momentos de expansión y revelación, en los que se producen profundas percepciones y avances espirituales, y hay momentos de contracción, en los que los desafíos y los períodos de gestación interior invitan a las personas a profundizar en los recovecos de sus almas. La capacidad de abrazar tanto los aspectos luminosos como los sombríos del viaje fomenta la resiliencia, la humildad y una comprensión holística del proceso transformador.

Un aspecto crucial para nutrir el desarrollo espiritual continuo es la integración de las prácticas espirituales en la vida diaria. La participación constante en prácticas como la meditación, la oración, la atención plena y el trabajo energético establecen una resonancia rítmica con las dimensiones espirituales. Estas prácticas sirven como anclas, arraigando a los individuos en el momento presente mientras brindan acceso a estados superiores de conciencia. Al hacer que estas prácticas formen parte de las rutinas diarias, las personas crean un contenedor sagrado para el crecimiento espiritual continuo, fomentando un entorno en el que las percepciones pueden florecer y lo divino puede ser invitado continuamente a sus vidas.

El concepto de desarrollo espiritual se extiende más allá del autodescubrimiento individual para abarcar la interconexión de todos los seres y el cosmos mayor. Desarrollar un sentido de interconexión implica cultivar la compasión, la empatía y un profundo aprecio por lo sagrado de toda la vida. La bondad, el servicio a los demás y la conciencia ecológica son componentes integrales del desarrollo espiritual continuo. Al reconocer la red interconectada de la existencia, los individuos entienden que su viaje espiritual está intrincadamente entretejido con el viaje colectivo de la humanidad y el bienestar del planeta.

El compromiso consciente con los desafíos de la vida es otra faceta de nutrir el desarrollo espiritual continuo. En lugar de ver los desafíos como impedimentos para el crecimiento, las personas en el camino espiritual se acercan a ellos como oportunidades de aprendizaje y transformación. Las adversidades se convierten en espejos que reflejan aspectos del yo que requieren atención y sanación. Al aceptar los desafíos con estabilidad y la voluntad de extraer lecciones de la adversidad, las personas catalizan cambios profundos en la conciencia, trascendiendo las limitaciones y profundizando su comprensión espiritual.

Un compañero esencial para el desarrollo espiritual continuo es el cultivo de un corazón abierto. El amor, la compasión y el perdón son expresiones del corazón despierto y catalizadores para el crecimiento espiritual. La práctica del amor incondicional se extiende no solo a los demás, sino también a uno mismo. Al liberar juicios, cultivar el amor propio y desarrollar la compasión incluso frente a los desafíos personales, las personas crean un terreno fértil para que florezcan las semillas del desarrollo espiritual.

La tutoría y la guía de maestros espirituales experimentados o mentores sabios pueden desempeñar un papel fundamental en el fomento del desarrollo espiritual continuo. Estas guías ofrecen ideas, sabiduría y consejos prácticos basados en sus viajes. Su presencia es una fuente de inspiración, que proporciona claridad durante los momentos de confusión e iluminación durante los períodos de oscuridad. Buscar la guía de aquellos que han atravesado el camino espiritual ayuda a las personas a navegar por los matices de su viaje con un mayor sentido de propósito y dirección.

La exploración de diversas enseñanzas y tradiciones espirituales contribuye a la riqueza y diversidad del desarrollo espiritual continuo. Si bien las personas pueden resonar con una tradición o filosofía en particular, explorar varios caminos amplía el espectro de comprensión y fomenta un enfoque más inclusivo e integrador de la espiritualidad. El punto de vista espiritual de uno se expande mediante la interacción con textos sagrados, reuniones espirituales y diversas prácticas; Esto permite una comprensión más profunda y matizada del camino espiritual.

La práctica de la gratitud es una fuerza transformadora para nutrir el desarrollo espiritual continuo. Cultivar la gratitud implica reconocer y apreciar las bendiciones, lecciones y dones de cada momento. La gratitud actúa como una fuerza magnética, atrayendo experiencias más positivas y transformadoras a la vida de uno. Al reconocer la interconexión de todas las experiencias y expresar gratitud tanto por los desafíos como por las bendiciones, las personas crean una resonancia armoniosa que las impulsa hacia adelante en su viaje espiritual.

En conclusión, nutrir el desarrollo espiritual continuo es un compromiso profundo y dinámico con el autodescubrimiento, el crecimiento y la realización del potencial divino de uno. Implica un enfoque holístico que integra la autoconciencia, la naturaleza cíclica del crecimiento, las prácticas espirituales diarias, la interconexión, el compromiso consciente con los desafíos, un corazón abierto, la orientación de mentores, la exploración de diversas enseñanzas y el poder transformador de la gratitud. Al abrazar la naturaleza multifacética del viaje espiritual, los individuos profundizan su comprensión de sí mismos y contribuyen a la evolución colectiva de la conciencia, fomentando un mundo más despierto y compasivo.

CAPÍTULO IX

La Evolución Espiritual

El profundo impacto del despertar de la Kundalini en la evolución espiritual

El despertar de la Kundalini, un fenómeno profundamente arraigado en las tradiciones espirituales orientales, representa un pináculo en el viaje de la evolución espiritual. Esta extraordinaria experiencia se describe a menudo como la activación de la energía latente y enrollada en la base de la columna vertebral, que surge hacia arriba a través de los chakras y desbloquea estados superiores de conciencia. El impacto del despertar de Kundalini en la evolución espiritual es profundo, introduciendo a los individuos en un reino de conciencia expandida, percepción elevada y comunión directa con lo divino.

En esencia, el despertar de Kundalini es un catalizador para la evolución de la conciencia, una fuerza transformadora que impulsa a los individuos más allá de los límites de la percepción ordinaria. El despertar de la energía Kundalini dormida inicia un proceso de purificación e iluminación, despejando los bloqueos energéticos y alineando el cuerpo sutil con el flujo de la energía divina. A medida que esta potente energía asciende a través del sistema de chakras, activa y armoniza los diversos centros de energía, reestructurando profundamente el paisaje interior del individuo.

Uno de los efectos distintivos del despertar de Kundalini es la amplificación de las experiencias espirituales y las percepciones. La sensibilidad acrecentada del sistema nervioso despierto permite a los individuos percibir energías sutiles, acceder a reinos superiores de conciencia y experimentar un profundo sentido de interconexión con toda la creación. Las revelaciones espirituales, una vez veladas, se vuelven más accesibles, lo que conduce a una comprensión profunda de la unidad subyacente y la unicidad que impregna el tejido de la existencia.

El impacto del despertar de Kundalini se extiende más allá de la experiencia personal, influyendo en la forma en que los individuos se relacionan con el mundo que los rodea. La conciencia acrecentada y la conciencia expandida fomentan un sentido de reverencia por toda la vida. Los individuos que experimentan el despertar de la Kundalini a menudo desarrollan un profundo aprecio por la red interconectada de la existencia, reconociendo la esencia divina dentro de cada ser y cada manifestación de la creación. Este cambio en la percepción sienta las bases para una forma de vida más compasiva, consciente y ecológicamente consciente.

Los efectos transformadores del despertar de Kundalini en la evolución espiritual también se manifiestan en la disolución de las estructuras egoicas y la liberación de los patrones condicionados de pensamiento y comportamiento. La oleada de energía de Kundalini desmantela las construcciones del ego, lo que lleva a un cambio profundo en la identidad y a una reorientación hacia el yo superior. A medida que los individuos se sintonizan con la fuerza purificadora de Kundalini, a menudo experimentan una profunda sensación de disolución del ego. Esta muerte del ego allana un renacimiento hacia una expresión más auténtica y espiritualmente alineada del yo.

El despertar de la Kundalini actúa como un potente catalizador para la alquimia interior, transmutando el plomo de la conciencia humana en el oro de la iluminación espiritual. La energía liberada durante el proceso de despertar purifica y rejuvenece todo el sistema, mejorando el bienestar físico, mental y emocional. Las personas a menudo informan de un aumento de la vitalidad, una mayor creatividad y una sensación de paz interior que trasciende las fluctuaciones de las circunstancias externas. El impacto transformador en los cuerpos físico y energético es un testimonio de la potencia de la energía Kundalini y una afirmación de la conexión inseparable entre mente, cuerpo y espíritu.

El despertar de Kundalini también cataliza la activación de los potenciales espirituales latentes, desbloqueando habilidades y dones que yacen dormidos dentro del individuo. La intuición aumentada, las percepciones extrasensoriales y una conexión más profunda con la guía superior se vuelven más accesibles para aquellos que experimentan el despertar de la Kundalini. Esta expansión de las capacidades espirituales no está destinada a ser utilizada como meros logros personales, sino como herramientas para el servicio, ayudando a los individuos a contribuir al bien mayor y a la evolución colectiva de la conciencia.

Un aspecto significativo del impacto del despertar de Kundalini en la evolución espiritual es la conexión cada vez más profunda con la fuente divina. La Kundalini despierta sirve como un conducto para la experiencia directa de lo divino en su interior. Las personas que experimentan este proceso transformador a menudo describen una profunda comunión con lo divino, experimentando un sentido de unidad que trasciende las fronteras religiosas o culturales. La conexión directa y sin mediación con lo sagrado se convierte en una fuerza guía en la evolución espiritual del individuo, fomentando una relación cada vez más profunda con los aspectos trascendentes e inmanentes de lo divino.

Es esencial reconocer que el viaje del despertar de la Kundalini tiene desafíos. Las energías purificadoras y transformadoras de Kundalini pueden agitar las profundidades del inconsciente, sacando a la superficie emociones no resueltas, traumas y aspectos sombríos del yo. Este proceso de purificación, aunque desafiante, es una parte integral de la evolución espiritual facilitada por el despertar de la Kundalini. Invita a los individuos a confrontar y liberar las capas de condicionamiento que obstruyen el libre flujo de la energía divina, lo que conduce a una expresión más auténtica y liberada del yo.

En conclusión, el profundo impacto del despertar de Kundalini en la evolución espiritual es un testimonio del poder transformador de este antiguo fenómeno espiritual. El despertar de la energía Kundalini dormida inicia un viaje de conciencia acrecentada, conciencia expandida y comunión directa con lo divino. Los efectos dominó del despertar de la Kundalini se extienden a todas las dimensiones de la vida, influyendo en la percepción, la identidad, el bienestar y la forma en que los individuos se relacionan con el mundo. Como catalizador de la alquimia interior, el despertar de la Kundalini desbloquea potenciales y dones latentes, impulsando a los individuos hacia una expresión más auténtica y espiritualmente alineada del yo. Abrazando tanto los desafíos como las bendiciones de este proceso transformador, los individuos en el camino del despertar de la Kundalini contribuyen a su propia evolución y al despertar colectivo de la conciencia humana.

Conectando con la conciencia superior

La búsqueda de una conciencia superior es un viaje eterno que trasciende las fronteras culturales, religiosas y filosóficas. Arraigado en el anhelo humano inherente de trascendencia y una comprensión más profunda de la existencia, la búsqueda de una conciencia superior implica ir más allá de los confines de la percepción ordinaria para acceder a un estado de conciencia profundo y elevado. Este viaje no es simplemente un esfuerzo personal, sino una exploración universal que busca desvelar los misterios del cosmos, la naturaleza del yo y la interconexión de todas las cosas. Conectarse con la conciencia superior es un proceso transformador que invita a los individuos a trascender las limitaciones del ego, expandir su percepción y sintonizarse con las frecuencias vibratorias de lo divino.

En el corazón de la conexión con la conciencia superior se encuentra el reconocimiento de que la experiencia humana se extiende más allá de los reinos físico y material. Las antiguas tradiciones de sabiduría han afirmado durante mucho tiempo que la verdadera naturaleza del yo no está confinada al cuerpo físico transitorio, sino que es una expresión de una esencia atemporal y sin forma. En la búsqueda de una conciencia superior, los individuos se embarcan en un viaje interior para explorar y experimentar este aspecto esencial del yo: la chispa divina que anima toda la creación. Este reconocimiento cataliza un cambio en la percepción, invitando a los individuos a ver más allá de la ilusión de separación y abrazar la unidad interconectada que subyace al tapiz de la existencia.

La meditación, una práctica en varias tradiciones espirituales, es una potente puerta de entrada para conectarse con la conciencia superior. A través de la meditación, los individuos entran en un estado de conciencia enfocada, aquietando el parloteo constante de la mente y creando espacio para una experiencia directa de lo trascendente. Ya sea a través de la meditación de atención plena, la meditación de bondad amorosa o las prácticas contemplativas, las personas cultivan un estado receptivo de conciencia que les permite conectarse con las capas más profundas de su ser y acceder al campo universal de la conciencia superior.

Contemplar los profundos misterios de la existencia es otra vía para conectarse con la conciencia superior. Esta indagación intelectual y espiritual implica profundizar en cuestiones que traspasan los límites de la comprensión convencional y explorar la naturaleza de la realidad, el propósito de la vida y la dinámica del cosmos. La búsqueda de la sabiduría a través de la contemplación sirve como un puente entre la mente racional y el conocimiento intuitivo, llevando a los individuos a percepciones que trascienden las limitaciones de la cognición ordinaria y abren las puertas a reinos superiores de comprensión.

Explorar estados alterados de conciencia, ya sea inducido a través de la meditación, la respiración u otras prácticas contemplativas, brinda una oportunidad única para conectarse con dimensiones superiores de conciencia. Estos estados alterados, a menudo caracterizados por una percepción expandida, una intuición mejorada y una sensación de atemporalidad, permiten a los individuos experimentar la red interconectada de la existencia de manera más directa y visceral. La disolución de los límites entre el yo y el otro, el sujeto y el objeto, crea un profundo sentido de unidad con el cosmos, fomentando una conexión con la conciencia superior que trasciende las limitaciones de la mente egoica.

Los rituales y ceremonias sagradas, profundamente arraigados en diversas tradiciones culturales y espirituales, ofrecen un espacio ceremonial para conectarse con la conciencia superior. Ya sea a través de la oración, el canto o los gestos simbólicos, estos rituales sirven como portales que facilitan una comunión sagrada con lo divino. La repetición de palabras sagradas, el ritmo de los movimientos rituales y la creación intencional del espacio sagrado crean una resonancia vibratoria que eleva la conciencia individual y colectiva, fomentando un sentido de unidad con lo trascendente.

Con su intrincada belleza y profunda interconexión, el mundo natural es un poderoso catalizador para conectarse con la conciencia superior. Sumergirse en la naturaleza a través de caminatas contemplativas, atención plena ecológica o simplemente comulgar con los elementos permite a las personas sintonizarse con la sabiduría inherente y la energía armoniosa que impregnan el mundo natural. La red interconectada de la vida se convierte en un espejo que refleja la unidad más profunda que trasciende la diversidad de formas, proporcionando una experiencia tangible e inmediata de conciencia superior.

Participar en prácticas que cultivan la compasión y el amor incondicional es un camino transformador para conectarse con la conciencia superior. La frecuencia vibratoria del amor, descrita como el estado de conciencia más elevado y refinado en varias tradiciones espirituales, abre el corazón y alinea a los individuos con la esencia divina. Los actos de bondad, el servicio desinteresado y el cultivo intencional de una presencia amorosa crean una resonancia con los reinos superiores de conciencia, invitando a los individuos a encarnar las cualidades de lo divino en sus vidas diarias.

La sabiduría de los siglos, preservada en los textos sagrados, las escrituras y las enseñanzas, ofrece un recurso profundo para conectarse con la conciencia superior. Profundizar en la sabiduría atemporal que se encuentra en tradiciones como el Advaita Vedanta, el sufismo, la Cábala y el cristianismo místico proporciona a las personas ideas y orientación que trascienden las limitaciones del conocimiento temporal. Estas enseñanzas sirven como una hoja de ruta para el viaje interior, ofreciendo principios y prácticas que facilitan la experiencia directa de estados superiores de conciencia.

El trabajo con los sueños y la exploración de los reinos subconscientes también juegan un papel en la conexión con la conciencia superior. Los sueños, a menudo considerados un puente entre la mente consciente y la inconsciente, ofrecen un lenguaje simbólico a través del cual se puede transmitir una guía y una visión más elevadas. La práctica de los sueños lúcidos o la exploración intencional de los sueños se convierte en un medio para que las personas accedan a las capas más profundas de la psique y reciban mensajes del yo superior o de los guías espirituales.

En esencia, conectarse con la conciencia superior es un viaje multifacético y transformador que integra la meditación, la contemplación, los estados alterados de conciencia, los rituales sagrados, la comunión con la naturaleza, los actos de amor y compasión, la sabiduría de los textos sagrados y la exploración de los sueños. Este enfoque holístico reconoce que la conciencia superior no es una meta distante a alcanzar, sino una dimensión atemporal a la que se puede acceder a través de varios portales dentro de la experiencia humana. A medida que los individuos se embarcan en este profundo viaje, descubren que conectarse con la conciencia superior es un esfuerzo personal y una búsqueda universal que los alinea con la danza eterna de la evolución cósmica, guiándolos hacia una forma de ser más despierta e iluminada.

Abrazar el viaje del crecimiento continuo

El camino de crecimiento continuo es una peregrinación sagrada que teje sus hilos a través del tapiz de la existencia humana. Es una odisea que trasciende los límites del tiempo, un despliegue perpetuo que invita a las personas a navegar por los paisajes siempre cambiantes del autodescubrimiento, el aprendizaje y la evolución. En esencia, abrazar el viaje de crecimiento continuo es un compromiso con el proceso dinámico de devenir, reconociendo que el autodescubrimiento no es un destino sino un despliegue sagrado que nos invita a bailar al ritmo de los cambios perpetuos de la vida.

Un elemento central para adoptar el crecimiento continuo es reconocer que el crecimiento no se limita a fases específicas de la vida, sino que es un proceso inherente y de por vida. Desde el nacimiento hasta el último aliento, la experiencia humana está marcada por un tapiz de experiencias, desafíos y oportunidades de aprendizaje. Abrazar el crecimiento continuo requiere un cambio de perspectiva, la voluntad de ver cada momento como un catalizador potencial para la expansión y el reconocimiento de que el viaje del crecimiento no es lineal, sino que avanza en espiral a través de los ciclos de renovación y transformación.

La base del viaje de crecimiento continuo radica en cultivar una mentalidad de crecimiento, un marco mental que ve los desafíos como oportunidades, los fracasos como peldaños y lo desconocido como un terreno fértil para la exploración. Las personas con una mentalidad de crecimiento abordan la vida con curiosidad, resiliencia y voluntad de ir más allá de sus zonas de confort. Esta mentalidad fomenta un sentido de agencia, ya que las personas reconocen que sus esfuerzos, actitudes y compromiso con el aprendizaje contribuyen a su crecimiento personal y colectivo.

La educación, en su sentido más amplio, se convierte en un aliado vital en el crecimiento continuo. Más allá de la educación formal, la búsqueda del conocimiento y la sabiduría se convierte en un esfuerzo de por vida. Ya sea a través de libros, mentores, experiencias o aprendizaje autodirigido, las personas en el camino del crecimiento continuo persiguen una búsqueda perpetua de comprensión, comprensión y refinamiento de sus capacidades intelectuales y emocionales. El hambre de conocimiento se convierte en una fuerza guía, impulsando a los individuos hacia reinos más profundos de experiencia y un compromiso más profundo con los misterios de la existencia.

El viaje de crecimiento continuo está intrínsecamente conectado con la autoconciencia, un proceso dinámico y continuo de exploración de las profundidades de la psique, las motivaciones y los patrones de comportamiento. A través de la meditación, la introspección y la atención plena, las personas cultivan una mayor conciencia de sus pensamientos, emociones y las corrientes sutiles de conciencia que dan forma a sus experiencias. Esta autoconciencia se convierte en una brújula, guiando a los individuos a través del laberinto de sus paisajes interiores y revelando las capas de condicionamiento que pueden obstruir su camino de crecimiento.

Los desafíos y obstáculos no se ven como obstáculos en el camino del crecimiento continuo, sino como peldaños que catalizan la transformación. El poder transformador de la adversidad radica en su capacidad para desenterrar potenciales latentes, resiliencia y fortalezas ocultas dentro de los individuos. Aceptar los desafíos como oportunidades de crecimiento replantea los contratiempos como invitaciones a evolucionar, aprender y emerger más fuertes del otro lado. Este cambio de mentalidad empodera a las personas para navegar por las complejidades de la vida con gracia y aplomo.

Las relaciones con uno mismo y con los demás juegan un papel fundamental en el camino del crecimiento continuo. Las interacciones con diversos individuos se convierten en espejos que reflejan aspectos del yo que pueden requerir atención, curación o integración. Las relaciones saludables se convierten en crisoles para el crecimiento personal y relacional, invitando a las personas a desarrollar empatía, compasión y comunicación efectiva. El tapiz de la conexión humana se convierte en un terreno fértil para el aprendizaje a medida que los individuos navegan por la intimidad, la colaboración y el entendimiento mutuo.

El viaje de crecimiento continuo no es solo una búsqueda individual, sino que está entretejido en el tejido colectivo de la humanidad. Reconocer nuestra interconexión con los demás y con el mundo en general fomenta un sentido de responsabilidad por el bienestar de la articulación. La conciencia social y ecológica se convierte en parte integral del viaje, impulsando a las personas a contribuir al bien común y co-crear un mundo más justo, compasivo y sostenible.

La espiritualidad se convierte en una luz guía en crecimiento continuo, proporcionando a las personas un contexto más profundo para sus experiencias y una conexión con algo más grande que ellos mismos. Ya sea a través de prácticas religiosas, tradiciones místicas o una relación personal con lo divino, la espiritualidad infunde al viaje significado, propósito y sentido de lo sagrado. La búsqueda del crecimiento espiritual se convierte en una corriente transformadora que guía a los individuos hacia la realización de su potencial más elevado y una comprensión más profunda de la naturaleza de la existencia.

Abrazar el viaje del crecimiento continuo requiere un cierto grado de entrega: una apertura a lo desconocido y la voluntad de liberar los apegos a los resultados fijos. La fluidez del viaje requiere que las personas fluyan con las corrientes cambiantes de la vida, aprendiendo y madurando en reacción a los altibajos de los eventos. Esta entrega no es una resignación pasiva, sino una participación activa en la danza de la vida, un reconocimiento de que el crecimiento a menudo se despliega de maneras inesperadas y a través de vías imprevistas.

En conclusión, abrazar el viaje del crecimiento continuo es una profunda invitación a bailar con los ritmos de la vida, navegar por los paisajes siempre cambiantes del autodescubrimiento y participar en el proceso perpetuo de devenir. Es un compromiso con una mentalidad de crecimiento, una dedicación al aprendizaje permanente y un reconocimiento de que los desafíos, las relaciones y la espiritualidad son aspectos integrales del viaje. El viaje de crecimiento continuo no es un camino lineal, sino una odisea en espiral que invita a las personas a ir más allá de sus zonas de confort, cultivar la autoconciencia, sortear los desafíos con resiliencia y contribuir a la evolución colectiva de la humanidad. Al abrazar el crecimiento continuo, las personas descubren que el viaje es el destino. Esta peregrinación sagrada se despliega con cada respiración, invitándolos a florecer en la expresión más plena de su potencial humano.

CAPÍTULO X

Historias de transformación

Relatos de la vida real de personas que experimentaron el despertar de la Kundalini

El despertar de la Kundalini, un proceso transformador y a menudo misterioso arraigado en antiguas tradiciones espirituales, ha captado la atención y la curiosidad de los buscadores a lo largo de los siglos. Si bien el concepto de Kundalini está profundamente arraigado en las tradiciones esotéricas del Yoga, el Tantra y varias filosofías orientales, su manifestación no se limita a las páginas de los textos sagrados. Los relatos de la vida real de personas que han experimentado el despertar de la Kundalini ofrecen una visión de la naturaleza profunda y a veces desafiante de esta extraordinaria experiencia espiritual.

Un hilo común en estos relatos es la naturaleza espontánea e inesperada del despertar de Kundalini. Muchas personas informan que el proceso de despertar no se inició a través de prácticas espirituales deliberadas, sino que se desarrolló espontáneamente, a menudo tomándolos por sorpresa. Puede ser desencadenado por una meditación intensa, momentos de contemplación profunda o incluso eventos que alteran la vida. La imprevisibilidad del despertar de Kundalini subraya su naturaleza orgánica y no lineal, desafiando las nociones preconcebidas sobre el control deliberado que uno podría tener sobre una fuerza espiritual tan potente.

Para aquellos que han experimentado el despertar de la Kundalini, la apertura de los caminos energéticos suele ir acompañada de intensas sensaciones físicas. El calor, las vibraciones y una oleada de energía que se mueve a través de la columna vertebral se informan comúnmente. Algunas personas dicen tener la sensación de una fuerza fuerte que asciende desde la base de la columna vertebral hasta la parte superior de la cabeza. Estas sensaciones corporales no son meramente físicas, sino que están entrelazadas con un profundo sentido de alquimia interior, como si las propias células del cuerpo estuvieran pasando por un proceso de purificación y realineación.

Los cambios emocionales y psicológicos son aspectos prevalentes del despertar de la Kundalini, según lo informado por aquellos que han pasado por esta experiencia. La liberación de emociones almacenadas, traumas no resueltos y miedos profundamente arraigados pueden salir a la superficie, exigiendo atención e integración conscientes. Las personas a menudo describen una montaña rusa de emociones que van desde la felicidad extática hasta momentos de profunda oscuridad. El paisaje psicológico se convierte en un terreno para la exploración, invitando a los individuos a confrontar y trascender las capas de condicionamiento que pueden obstruir el libre flujo de la energía Kundalini.

La apertura de las facultades psíquicas es otra dimensión que se encuentra con frecuencia en los relatos de la vida real sobre el despertar de Kundalini. La intuición aumentada, las percepciones extrasensoriales y una conexión más profunda con los reinos sutiles de la existencia se vuelven más accesibles. Algunos individuos reportan visiones clarividentes, experiencias telepáticas o una mayor sensibilidad a las energías de los demás. La expansión de las capacidades psíquicas no se ve como un fin, sino como un medio para que los individuos naveguen por las dimensiones espirituales con mayor claridad y perspicacia.

El impacto del despertar de la Kundalini en la visión del mundo es a menudo profundo. Los individuos describen un cambio fundamental en su percepción de la realidad, que trasciende las limitaciones del pensamiento dualista. Uno experimenta la unidad y la conexión que subyacen a toda la creación a medida que las barreras entre el yo y el otro, el sujeto y el objeto, se desvanecen. Los aspectos mundanos de la vida adquieren un significado elevado, y las personas a menudo informan de una profunda reverencia por lo sagrado inherente a cada momento.

Sin embargo, el viaje del despertar de la Kundalini tiene sus desafíos. Los relatos de la vida real revelan que el flujo de energía intensificado puede ser abrumador, lo que provoca malestar físico, trastornos del sueño e interrupciones en la vida diaria. Desenterrar emociones reprimidas y problemas no resueltos también puede poner a las personas cara a cara con sus aspectos oscuros, lo que requiere un proceso de integración consciente. El delicado equilibrio entre las fuerzas expansivas y contractivas dentro del proceso de despertar requiere que los individuos naveguen por el camino con discernimiento y autocuidado.

Las crisis espirituales, conocidas como crisis de Kundalini, son reportadas por algunos individuos que experimentan un despertar. Estas crisis pueden manifestarse como intensos períodos de agitación física y emocional, lo que a veces lleva a las personas a cuestionar su cordura o enfrentar dudas existenciales. Si bien son desafiantes, estas crisis son vistas en algunas tradiciones espirituales como purificaciones necesarias, quemando la escoria del yo egoico para revelar la luminosidad del verdadero yo que hay debajo.

A pesar de los desafíos, los relatos de la vida real sobre el despertar de Kundalini a menudo destacan las profundas transformaciones positivas que experimentan los individuos. Muchos reportan una conexión cada vez más profunda con su esencia espiritual, una capacidad expandida para el amor y la compasión, y un sentido de propósito que trasciende los deseos egoicos del yo inferior. La integración de la energía Kundalini despierta alinea a los individuos con su ser superior, guiándolos hacia la autorrealización y la evolución espiritual.

Un tema recurrente en estos relatos es la importancia de la guía y el apoyo durante el proceso de despertar de la Kundalini. Los buscadores a menudo recurren a mentores espirituales, practicantes experimentados o comunidades de personas de ideas afines para navegar por las complejidades del viaje. Compartir experiencias con otras personas que han experimentado el despertar de la Kundalini fomenta un sentido de validación, comprensión y la seguridad de que uno no está solo en los desafíos y bendiciones del proceso de despertar.

En conclusión, los relatos de la vida real de individuos que han experimentado el despertar de la Kundalini pintan una imagen matizada de este extraordinario fenómeno espiritual. La naturaleza espontánea e impredecible del despertar, junto con los intensos cambios físicos, emocionales y psíquicos, subraya la potencia y el poder transformador de la energía Kundalini. El viaje no está exento de desafíos, sin embargo, las transformaciones positivas, la conexión espiritual más profunda y los cambios profundos en la percepción revelan el potencial para una profunda autorrealización y evolución espiritual. A medida que estas historias de la vida real iluminan, el despertar de Kundalini es un viaje multifacético que invita a las personas a bailar con el fuego sagrado interior, abrazando las complejidades y misterios de su desarrollo espiritual.

Lecciones aprendidas y conocimientos adquiridos

El viaje de la vida es una escuela profunda, un despliegue continuo de experiencias que dan forma, moldean y, en última instancia, ofrecen lecciones profundas para aquellos que están dispuestos a abrazarlas. Cada encuentro, dificultad y victoria que las personas encuentran durante sus odiseas sirven como peldaños hacia el desarrollo de un sentido más profundo de autoconciencia y sabiduría. Reflexionar sobre las lecciones aprendidas y los conocimientos adquiridos a lo largo del viaje de la vida ilumina el poder transformador incrustado en cada experiencia, ofreciendo una hoja de ruta para el crecimiento personal, la resiliencia y el cultivo de una comprensión más profunda de la condición humana.

Una lección fundamental que la vida imparte constantemente es la inevitabilidad del cambio. La impermanencia de todas las cosas es un recordatorio conmovedor de que, al igual que el flujo y reflujo de las mareas, la vida está en constante cambio. Aceptar el cambio como un aspecto natural y esencial de la existencia permite a las personas navegar por las incertidumbres con una gracia y adaptabilidad extraordinarias. La capacidad de fluir con el río de la vida en lugar de resistirse a sus corrientes se convierte en una habilidad profunda, que abre las puertas a nuevas oportunidades, perspectivas y al proceso continuo de autorrenovación.

A menudo visto como un intruso no deseado, la adversidad se revela a través de la reflexión como un maestro sabio y compasivo. Cada desafío, contratiempo o momento de incomodidad tiene el potencial de crecimiento y transformación dentro de él. Los conocimientos adquiridos a través de la adversidad no son meramente intelectuales, sino que están grabados en el tejido de nuestro ser, fomentando la resiliencia, el coraje y la capacidad inquebrantable de levantarse de nuevo después de cada caída. Como dice sabiamente el proverbio japonés: "Cae siete veces, levántate ocho".

La autoconciencia emerge como una lección fundamental en el viaje de la vida. Explorar el paisaje interior, las motivaciones, los miedos y las aspiraciones se convierte en una peregrinación sagrada. A través de la introspección, los individuos descubren las capas de condicionamiento, las expectativas sociales y las creencias limitantes que dan forma a sus percepciones de sí mismos y del mundo. Este autodescubrimiento se despliega continuamente, invitando a las personas a quitar las capas y revelar el auténtico núcleo que hay debajo.

La interacción entre la conexión y la soledad se convierte en una lección vital en la intrincada danza de las relaciones humanas. Mientras que la conexión nutre el alma y proporciona un espejo para el autodescubrimiento, la soledad sirve como crisol para la introspección, la creatividad y el cultivo de la fuerza interior. Equilibrar estos aspectos duales de la experiencia humana permite a las personas comprometerse auténticamente con los demás mientras mantienen una conexión arraigada con su esencia.

Una de las lecciones más importantes de la vida a través

del tejido de las relaciones es la empatía: la capacidad de comprender y experimentar los sentimientos de otra persona. Ponerse en los zapatos del otro fomenta la compasión y nutre las semillas de un mundo más armonioso. Reconocer que cada uno lleva sus propias cargas, alegrías y un viaje único de autodescubrimiento cultiva un espíritu de comprensión y unidad, trascendiendo la ilusión de la separación.

El tiempo, un recurso finito y precioso, imparte la lección de la presencia consciente. El reconocimiento de que el momento presente es todo lo que realmente existe anima a los individuos a saborear la riqueza de cada experiencia en lugar de detenerse en el pasado o anticipar ansiosamente el futuro. La presencia consciente se convierte en una puerta de entrada a un compromiso más profundo con la vida, fomentando la gratitud, la alegría y un profundo sentido de vitalidad.

La búsqueda del conocimiento y el abrazo de la curiosidad emergen como compañeros invaluables en el viaje de la vida. Reconocer que cada encuentro, ya sea alegre o desafiante, tiene el potencial de aprendizaje dentro de sí mismo fomenta una mentalidad de crecimiento. La voluntad de explorar los misterios de la existencia, cuestionar las suposiciones y buscar la comprensión se convierte en una fuerza guía que impulsa a los individuos hacia la evolución intelectual y espiritual.

El perdón, un profundo acto de autoliberación, se erige
como una lección transformadora en el viaje humano. La
capacidad de liberar el resentimiento, el juicio y el peso
de los agravios pasados permite a las personas recuperar
su libertad emocional. El perdón no es un respaldo a las
malas acciones, sino un reconocimiento de que aferrarse
a la ira y el resentimiento solo perpetúa el sufrimiento de
uno. A través del perdón, las personas allanan el camino
para la sanación, la liberación y, posiblemente, la
creación de un mundo más compasivo.

El amor, la fuerza más poderosa del universo, se revela
como la lección y el propósito supremos de la vida. El
cultivo y la expresión del amor por uno mismo y por los
demás son medidas precisas de una vida bien vivida. El
amor trasciende los límites del tiempo y el espacio,
alimentando las semillas de la conexión, la compasión y
un profundo sentido de interconexión con toda la
creación.

En conclusión, las lecciones aprendidas y los
conocimientos adquiridos a lo largo del viaje de la vida
son tan diversos y matizados como la miríada de
experiencias que dan forma a la existencia de un
individuo. Aceptar el cambio, encontrar sabiduría en la
adversidad, cultivar la autoconciencia, equilibrar la
conexión y la soledad, practicar la empatía, valorar el
tiempo, alimentar la curiosidad, abrazar el perdón y, en
última instancia, encarnar el amor son algunas de las
profundas lecciones que imparte la vida. A medida que las
personas reflexionan sobre estas lecciones, descubren
una hoja de ruta para el crecimiento personal, la
resiliencia y el cultivo de una existencia significativa y con
propósito. El viaje de la vida es una invitación continua a
bailar con la sabiduría incrustada en cada momento,
aprender del rico tapiz de experiencias y encarnar las
profundas lecciones que iluminan el camino hacia una
vida más consciente y plena.

Inspiración para aquellos que están en su propio viaje de Kundalini

Embarcarse en el camino del despertar de la Kundalini es similar a entrar en el corazón de un viaje transformador y misterioso que se desarrolla dentro de los reinos de las dimensiones física, emocional y espiritual. Para aquellos que recorren el camino de la energía de la serpiente despierta, el viaje Kundalini es tanto una peregrinación sagrada como una exploración del potencial ilimitado de la conciencia humana. A medida que los buscadores navegan por los flujos y reflujos de este profundo proceso, la inspiración se convierte en un compañero esencial, que ofrece orientación, consuelo y aliento. A través del reconocimiento de las dificultades, la apreciación de los dones y el resaltado del potencial transformador inherente a esta búsqueda sagrada, esta sección busca ofrecer orientación y aliento a aquellos en su propio viaje de Kundalini.

En primer lugar, es crucial reconocer la singularidad de cada viaje de Kundalini. No hay dos caminos idénticos, ya que la energía de la serpiente se abre camino a través del intrincado tapiz de la vida de un individuo, tocando los matices específicos de sus experiencias, desafíos y revelaciones. Abrazar la singularidad del propio viaje fomenta un sentido de aceptación y permite a los buscadores honrar su propio ritmo y ritmo en el proceso de desarrollo del despertar de la Kundalini.

Una inspiración fundamental para aquellos en el viaje de Kundalini radica en la comprensión de que el despertar de esta potente energía es un aspecto natural e inherente de la evolución humana. Basándose en antiguas tradiciones espirituales y textos sagrados, la imagen de la energía Kundalini es a menudo la de una serpiente dormida enroscada en la base de la columna vertebral, lista para ser despertada. Reconocer el potencial innato para el despertar espiritual dentro de cada individuo es una realización empoderadora. Cambia la perspectiva de percibir el despertar de la Kundalini como una experiencia esotérica o inalcanzable a entenderlo como un derecho de nacimiento, una parte integral del viaje humano hacia la autorrealización.

El rico tapiz de la sabiduría antigua, que abarca varias tradiciones como el yoga, el tantra y el misticismo oriental, sirve como fuente de inspiración para aquellos que atraviesan el camino de la Kundalini. Estas tradiciones proporcionan mapas, prácticas y orientación acumulada a lo largo de los siglos, ofreciendo a los buscadores un marco para comprender y navegar por las complejidades del proceso de despertar. Profundizar en estas enseñanzas atemporales proporciona información valiosa y conecta a las personas con un linaje de guardianes de la sabiduría que han recorrido el mismo camino a lo largo de la historia.

La interconexión del viaje de Kundalini con la experiencia humana más amplia se convierte en otra fuente de inspiración. Reconocer que los desafíos y las alegrías que se encuentran en este camino se hacen eco de los temas universales del crecimiento, la transformación y el autodescubrimiento fomenta un sentido de afinidad con la humanidad. En el viaje compartido del despertar, los individuos encuentran consuelo, dándose cuenta de que no están solos en sus experiencias. Este reconocimiento de la humanidad compartida crea un sentido de comunidad y apoyo dentro y más allá de aquellos que participan activamente en el despertar de la Kundalini.

Otra inspiración profunda en el viaje de Kundalini es el poder transformador incrustado en los desafíos encontrados. El despertar de la energía de Kundalini no es una progresión lineal, sino que a menudo implica desenterrar emociones reprimidas, traumas no resueltos y miedos profundamente arraigados. Si bien estos desafíos pueden parecer desalentadores, en las tradiciones espirituales se ven como oportunidades para la purificación y el crecimiento. Aceptar las dificultades como catalizadores para la transformación interior permite a los buscadores navegar el viaje con resiliencia, coraje y una comprensión más profunda de uno mismo.

Las experiencias de individuos de la vida real que han experimentado el despertar de la Kundalini ofrecen una inspiración invaluable para aquellos en el camino. Las historias de despertares espontáneos, triunfos personales y la integración de la energía Kundalini en la vida diaria sirven como faros de luz, iluminando las posibilidades y potenciales del viaje. Estas narraciones proporcionan una visión de la naturaleza multifacética del despertar de la Kundalini, reconociendo sus momentos de éxtasis y sus posibles desafíos. Explorar estos relatos fomenta un sentido de esperanza, orientación y tranquilidad para aquellos que atraviesan sus caminos únicos.

La relación simbiótica entre el despertar de la Kundalini y las prácticas espirituales se convierte en una fuente de inspiración. Si bien el despertar suele ser espontáneo, varias prácticas contemplativas, el trabajo de respiración, la meditación y las disciplinas yóguicas se reconocen como herramientas de apoyo. Participar en estas prácticas con sinceridad y devoción se convierte en una forma de cultivar la receptividad a la energía del despertar y crear un ambiente interior propicio. La integración de las prácticas espirituales en la vida diaria sirve como un recordatorio de que el viaje de Kundalini no se trata únicamente de llegar a un destino, sino que implica un proceso continuo de refinamiento, alineación y expiación.

Los buscadores en el viaje de Kundalini se inspiran en la conexión más profunda con los estados superiores de conciencia y la conciencia expandida que a menudo acompaña al proceso de despertar. La apertura de los caminos energeticos y la activacion de las facultades sutiles permiten a los individuos vislumbrar la interconexión de toda la existencia. Esta conciencia expandida fomenta una reverencia por lo sagrado inherente a cada momento y un reconocimiento de la presencia divina dentro y alrededor de ellos. La inspiración derivada de estas experiencias trascendentes impulsa a los buscadores hacia una comprensión más profunda de la naturaleza de la realidad.

Reconocer el potencial transformador del despertar de la Kundalini en el contexto de la sanación y el autodescubrimiento se convierte en otra fuente de inspiración. A medida que la energía de la serpiente se mueve a través de los chakras, se cree que purifica y armoniza los centros energéticos, provocando una profunda curación de las dimensiones física, emocional y espiritual. Las personas a menudo informan una sensación de totalidad, equilibrio y claridad recién descubierta al navegar por sus paisajes internos. La inspiración derivada de los aspectos curativos del despertar de Kundalini anima a los buscadores a ver el viaje como un proceso holístico que integra los elementos fragmentados del yo.

La comprensión de que el despertar de la Kundalini no está confinado a un marco de tiempo específico, sino que se desarrolla por la preparación de uno, se convierte en una fuente de paciencia e inspiración. La energía de la serpiente respeta el ritmo natural de la evolución de un individuo, y el momento del despertar a menudo está influenciado por varios factores, incluida la madurez espiritual de uno, las circunstancias de la vida y las huellas kármicas pasadas. Abrazar la paciencia se convierte en un aspecto esencial del viaje de Kundalini, permitiendo a los buscadores rendirse al tiempo divino del proceso de despertar.

En conclusión, el viaje de la Kundalini es una odisea sagrada y transformadora que invita a las personas a bailar con la energía serpentina interior. Inspirarse en la singularidad del camino de uno, el rico tapiz de la sabiduría antigua, la interconexión con la humanidad, el poder transformador de los desafíos, los relatos de la vida real, las prácticas espirituales, la conciencia expandida, el potencial de curación y la entrega paciente al proceso de desarrollo ilumina el camino para aquellos en su propio viaje de Kundalini.

A medida que los buscadores navegan por los giros y vueltas de esta profunda odisea, que encuentren consuelo, guía y una conexión más profunda con las infinitas posibilidades que esperan dentro de la energía de la serpiente despierta. El viaje Kundalini no es solo una exploración personal, sino una invitación a participar en la danza cósmica del despertar, contribuyendo a la evolución colectiva de la conciencia humana.

CAPÍTULO XI

Más allá del despertar de la Kundalini

Explorando prácticas espirituales avanzadas

A medida que las personas atraviesan los extensos paisajes de su viaje espiritual, a menudo surge un profundo anhelo de explorar prácticas espirituales avanzadas. Estas prácticas van más allá de las etapas introductorias de la meditación y la atención plena esencial, profundizando en el conocimiento esotérico, las experiencias místicas y una comunión más profunda con lo divino. Las prácticas espirituales avanzadas no están pensadas para todo el mundo, ya que requieren una base de madurez espiritual, autodisciplina y un compromiso genuino con la autorrealización. Esta sección explora varias prácticas espirituales avanzadas, su significado y el potencial poder transformador que tienen para aquellos que se embarcan en el viaje sagrado de la exploración.

Uno de los pilares centrales de las prácticas espirituales avanzadas es la exploración de los estados alterados de conciencia. Si bien la meditación sienta las bases para una mayor conciencia, los practicantes avanzados a menudo buscan trascender los estados ordinarios de percepción y acceder a reinos alterados de la realidad. Técnicas como la meditación de trance profundo, los sueños lúcidos o las sustancias enteógenas son vías a través de las cuales los buscadores pueden cambiar temporalmente su conciencia, obteniendo acceso a percepciones, visiones y experiencias más allá de la percepción sensorial ordinaria. La exploración cuidadosa y responsable de los estados alterados puede catalizar una conciencia expandida y una comprensión más profunda de la naturaleza de la realidad.

Las prácticas tántricas, arraigadas en las antiguas tradiciones orientales, representan otra faceta de la exploración espiritual avanzada. El tantra, a menudo asociado con la sexualidad sagrada, abarca un espectro más amplio de prácticas que buscan aprovechar y transmutar las poderosas energías dentro del sistema humano. Los rituales tántricos avanzados implican el despertar y la circulación de la energía Kundalini, la canalización de la energía sexual para la transformación espiritual y la integración de polaridades dentro del ser. Estas prácticas no son para los débiles de corazón, requieren una comprensión profunda de la anatomía energética, una relación armoniosa con la propia sexualidad y la guía de mentores experimentados.

La búsqueda de experiencias místicas directas es un sello distintivo de las prácticas espirituales avanzadas. Si bien muchas tradiciones espirituales ofrecen mapas y prácticas para cultivar una mayor conciencia, los buscadores avanzados a menudo anhelan un encuentro directo y sin mediación con lo divino. Prácticas como la oración contemplativa, la meditación profunda o el giro sufí pueden servir como puertas de entrada a estados místicos donde los límites entre el yo y lo divino se difuminan. El místico busca el conocimiento de lo sagrado y una comunión directa y experiencial que trascienda la comprensión intelectual.

A menudo envueltas en misterio y simbolismo, las tradiciones esotéricas atraen a los buscadores avanzados a las profundidades del conocimiento oculto. La alquimia, la cábala y el hermetismo son ejemplos de sistemas esotéricos que profundizan en los aspectos arcanos y místicos de la espiritualidad. Estas prácticas implican el estudio de textos antiguos, interpretaciones simbólicas y la aplicación de rituales transformadores. Explorar el conocimiento esotérico requiere una mente perspicaz y la voluntad de desentrañar los significados ocultos codificados en la sabiduría antigua, invitando a los buscadores a convertirse en alquimistas de su evolución espiritual.

Cultivar habilidades psíquicas se convierte en una progresión natural para aquellos que se dedican a prácticas espirituales avanzadas. La clarividencia, la telepatía y la psicometría se encuentran entre las diversas facultades psíquicas que los practicantes avanzados pueden tratar de desarrollar. Estas habilidades no son vistas como fines, sino como herramientas para navegar por las dimensiones sutiles de la existencia y obtener una visión más profunda de la naturaleza interconectada de la realidad. El desarrollo responsable de las habilidades psíquicas requiere humildad, consideraciones éticas y un compromiso de servir al bien común.

La sadhana, o disciplina espiritual, se intensifica en las prácticas espirituales avanzadas. El compromiso con una práctica diaria se convierte en un medio de autopurificación y un compromiso consciente con lo divino. Los buscadores avanzados pueden incorporar disciplinas rigurosas como períodos prolongados de retiro en silencio, canto intensivo de mantras o períodos prolongados de ayuno en su sadhana. Estas prácticas purifican la mente, el cuerpo y el espíritu, creando una vasija receptiva a las frecuencias superiores de la realización espiritual.

La exploración de la geometría sagrada y su aplicación en las prácticas espirituales constituye otra dimensión de la exploración avanzada. Se cree que la geometría sagrada, con sus intrincados patrones y precisión matemática, es la clave para comprender el orden subyacente del cosmos. Las prácticas que involucran mandalas, yantras o caminatas por laberintos son formas en las que los buscadores se involucran con el lenguaje geométrico del universo, aprovechando los principios armonizadores que gobiernan la creación.

El estudio y la aplicación del sonido como herramienta vibratoria para la transformación espiritual representan una vía avanzada de exploración. La sanación con sonido, el canto de mantras y frecuencias específicas armonizan el cuerpo energético y lo sintonizan con estados superiores de conciencia. Los practicantes avanzados pueden explorar el profundo impacto del sonido en la anatomía sutil, entendiendo la resonancia vibratoria como un medio para alinearse con la sinfonía cósmica.

Un compromiso cada vez más profundo con la naturaleza y su significado espiritual se convierte en un punto focal en las prácticas espirituales avanzadas. La práctica de la eco-espiritualidad implica una comprensión intelectual de la interconexión de toda la vida y una comunión directa con el mundo natural. Los buscadores avanzados pueden embarcarse en búsquedas de visión, emprender una soledad prolongada en el desierto o participar en rituales que honran a la tierra como un ser vivo sagrado. La integración de la espiritualidad basada en la naturaleza invita a los individuos a una relación profunda con la conciencia planetaria.

La exploración de los chakras y su dinámica energética forma un aspecto avanzado de la práctica espiritual. Si bien los chakras se introducen en muchas tradiciones espirituales, los buscadores avanzados profundizan en la intrincada interacción de estos centros de energía, buscando activar, equilibrar y despertar todo su potencial. Prácticas como la meditación de los chakras, el yoga Kundalini y los rituales tántricos implican una comprensión matizada de la influencia de los chakras en el bienestar físico, emocional y espiritual.

Explorar el yo en la sombra, arraigado en la psicología junguiana y abrazado en varias tradiciones espirituales, se convierte en una práctica avanzada para aquellos comprometidos con la autorrealización. La sombra representa las partes inconscientes del yo, que con frecuencia incluyen sentimientos reprimidos, metas incumplidas y traumas no resueltos. Los buscadores avanzados se involucran en el trabajo de la sombra, trayendo estos aspectos ocultos a la conciencia consciente, integrándolos y reclamando partes perdidas del yo. Este valiente viaje interior conduce a una mayor autoaceptación y plenitud espiritual.

La integración de la atención plena en todos los aspectos de la vida diaria se convierte en una práctica avanzada en sí misma. Los practicantes avanzados cultivan un estado continuo de conciencia, presenciando el flujo de pensamientos, emociones y sensaciones sin apego. La perfecta integración de la atención plena en el tejido de la existencia diaria es una potente herramienta para la autorrealización y la encarnación de la sabiduría espiritual.

En conclusión, explorar prácticas espirituales avanzadas es un viaje profundo y lleno de matices, que requiere dedicación, discernimiento y una sed genuina de autorrealización. Los estados alterados de conciencia, las prácticas tántricas, las experiencias místicas, el conocimiento esotérico, el desarrollo psíquico, la sadhana disciplinada, la geometría sagrada, el sonido como herramienta vibratoria, la eco-espiritualidad, la exploración de chakras, el trabajo con la sombra y la integración perfecta de la atención plena en la vida diaria representan un rico tapiz de vías para los buscadores avanzados. Estas actividades no son actividades independientes, sino hilos entrelazados que conforman todo un camino espiritual. A medida que las personas se aventuran en los reinos de la exploración avanzada, que lo hagan con reverencia, humildad y un compromiso inquebrantable con el potencial transformador incrustado en estas prácticas sagradas.

Continuar el viaje de autodescubrimiento

El viaje de autodescubrimiento es una odisea perpetua, una exploración continua que se despliega a través de los paisajes de nuestro ser más íntimo. Es un peregrinaje íntimo marcado por la autorreflexión, la introspección y una búsqueda incesante para desentrañar las capas de nuestra identidad. A medida que los individuos atraviesan el terreno de su existencia, el autodescubrimiento se convierte en un proceso dinámico y evolutivo, continuamente moldeado por experiencias, relaciones y el tapiz de la vida en constante desarrollo. Esta sección tiene como objetivo profundizar en la importancia de continuar el viaje de autodescubrimiento, explorando los desafíos inherentes, las revelaciones profundas y el poder transformador incrustado en la búsqueda continua de comprenderse a uno mismo.

En el corazón del viaje de autodescubrimiento se encuentra la pregunta fundamental: ¿Quién soy? Esta pregunta no es una mera indagación intelectual, sino una exploración contemplativa que invita a los individuos a sumergirse en las profundidades de su conciencia. La búsqueda de la autocomprensión va más allá de los roles, las identidades y las etiquetas sociales superficiales, llegando a la esencia del propio ser. Es quitar las capas de condicionamiento, las influencias culturales y las expectativas externas para revelar el auténtico yo que reside debajo.

El viaje de autodescubrimiento a menudo es catalizado por momentos cruciales en la vida: momentos de crisis, alegría o introspección profunda. Ya sea que sean impulsados por un evento que altera la vida, un período de profunda introspección o un anhelo interno de significado, estos momentos se convierten en catalizadores para que las personas se vuelvan hacia adentro e indaguen en la naturaleza de su existencia. El reconocimiento de que la vida es un viaje continuo de crecimiento y autoexploración impulsa a las personas a embarcarse en un camino de autodescubrimiento, donde cada paso se convierte en una oportunidad para una comprensión y autorrealización más profundas.

Uno de los desafíos profundos que se encuentran en el viaje del autodescubrimiento es la confrontación con el yo en la sombra. La sombra, un concepto arraigado en la psicología junguiana, representa los aspectos del yo que están ocultos, reprimidos o negados. Adentrarse en la sombra requiere una exploración valiente de los propios miedos, inseguridades y heridas no resueltas. Es reconocer e integrar estos aspectos en lugar de rechazarlos o suprimirlos. El viaje de autodescubrimiento invita a las personas a enfrentar las sombras con compasión, reconociendo que la autocomprensión genuina implica abrazar la totalidad de nuestro ser.

Las relaciones con uno mismo y con los demás juegan un papel fundamental en el viaje continuo de autodescubrimiento. Las interacciones con los demás son espejos, reflejando aspectos de nosotros mismos que pueden permanecer ocultos en la soledad de la introspección. La dinámica de las relaciones ofrece oportunidades para la autorreflexión, revelando patrones, desencadenantes y áreas de crecimiento. Ya sea a través de la alegría de la conexión, los desafíos del conflicto o la sabiduría adquirida de las experiencias compartidas, las relaciones se convierten en un terreno fértil para el autodescubrimiento y un espejo que refleja la naturaleza multifacética del yo.

El viaje de autodescubrimiento se extiende más allá de las relaciones personales al contexto más amplio de las influencias sociales y culturales. La sociedad a menudo impone roles, expectativas y normas predefinidas que dan forma a las identidades individuales. A medida que los individuos navegan por las corrientes de las expectativas sociales, el autodescubrimiento implica cuestionar y deconstruir estas influencias externas. Es un proceso de discernimiento de qué aspectos de la identidad se eligen auténticamente y cuáles se heredan o se imponen. La liberación de los condicionamientos sociales se convierte en un paso profundo hacia la autorrealización.

Cultivar la autoconciencia es una piedra angular del viaje continuo de autodescubrimiento. La autoconciencia implica observar los propios pensamientos, emociones y acciones sin juzgar. Las personas en esta condición de presencia consciente pueden percibir y atravesar la complejidad de su paisaje interior con claridad. El diario reflexivo, la atención plena y la meditación se convierten en instrumentos para cultivar una vida consciente continua y expandir la autoconciencia.

El viaje de autodescubrimiento está entrelazado con la exploración de los valores personales, las creencias y el propósito de la vida. A medida que las personas crecen y evolucionan, sus valores y creencias pueden transformarse. Alinear la vida de uno con valores auténticos y un sentido de propósito se convierte en un proceso de refinamiento continuo. La búsqueda de significado y propósito impulsa a los individuos a reevaluar las prioridades, tomar decisiones conscientes y alinear sus acciones con las corrientes más profundas de su auténtico yo.

Integrar la autocompasión en el viaje de

autodescubrimiento es vital para navegar por los inevitables desafíos y contratiempos. La autocompasión implica extender la misma bondad, comprensión y perdón a uno mismo que uno le ofrecería a un amigo querido. Aceptar las imperfecciones, aprender de los errores y reconocer la humanidad inherente dentro de uno mismo se convierten en componentes esenciales del viaje en curso. La autocompasión es una fuerza nutritiva, que fomenta la resiliencia y un sentido de fuerza interior a medida que las personas navegan por las complejidades del autodescubrimiento.

El proceso de autodescubrimiento no es una trayectoria

lineal, sino una espiral de crecimiento y expansión continuos. La vida se desarrolla en ciclos, proporcionando nuevas perspectivas, desafíos y oportunidades para la autorreflexión. El viaje no se trata de alcanzar un destino fijo, sino de abrazar la fluidez del crecimiento y la transformación. A medida que las personas navegan por la naturaleza cíclica del viaje, adquieren una comprensión más profunda de la dinámica siempre cambiante de su mundo interior.

La creatividad se convierte en una vía para la

autoexpresión y la exploración en el viaje continuo de autodescubrimiento. Ya sea a través de esfuerzos artísticos, escritura u otras actividades creativas, las personas encuentran formas únicas de dar voz a sus pensamientos, emociones y experiencias más íntimas. La creatividad se convierte en un espejo que refleja las profundidades del inconsciente, permitiendo a los individuos explorar y expresar aspectos del yo que pueden eludir la articulación verbal. Participar en prácticas creativas se convierte en un aspecto alegre y liberador del viaje en curso.

El viaje de autodescubrimiento a menudo lleva a las personas a explorar su espiritualidad y la naturaleza de su conexión con una fuente superior o conciencia universal. La espiritualidad se convierte en una exploración profundamente personal, que abarca diversas prácticas como la oración, la meditación o la comunión con la naturaleza. La búsqueda de la comprensión espiritual proporciona a los individuos un contexto más amplio para su existencia, ofreciendo consuelo, significado y un sentido de interconexión con algo más significativo que el yo individual.

La integración de la atención plena en la vida diaria se convierte en un aspecto fundamental del viaje continuo de autodescubrimiento. Practicar la alimentación consciente, caminar, escuchar y comprometerse con el momento presente se convierte en una forma transformadora de ser. La integración de la atención plena fomenta la conciencia continua, lo que permite a las personas abordar cada momento con presencia, intención y una mayor sensación de vitalidad.

El viaje de autodescubrimiento invita a los individuos a abrazar las paradojas y contradicciones dentro de sí mismos. Es un reconocimiento de que la experiencia humana es multifacética, abarca luces y sombras, fuerza y vulnerabilidad, alegría y tristeza. Abrazar estas paradojas se convierte en una fuente de sabiduría y un testimonio de la riqueza de la experiencia humana. El viaje implica trascender las limitaciones del pensamiento dualista y abrazar la totalidad del propio ser.

En conclusión, continuar el viaje de autodescubrimiento es un esfuerzo profundo y transformador, que requiere dedicación, coraje y compromiso con el crecimiento. La exploración continua de la propia identidad, la confrontación con el yo en la sombra, la dinámica de las relaciones, la liberación del condicionamiento social, el cultivo de la autoconciencia, la alineación con los valores y el propósito personal, la integración de la autocompasión, el reconocimiento de la naturaleza cíclica de la vida, la expresión de la creatividad, la exploración de la espiritualidad, la práctica de la atención plena y la aceptación de las paradojas forman facetas integrales de esta odisea perpetua. A medida que las personas navegan por el paisaje en constante evolución del autodescubrimiento, que encuentren consuelo, inspiración y una conexión cada vez más profunda con la esencia de lo que son: un viaje infinito y en desarrollo de devenir.

El potencial ilimitado de una Kundalini completamente despierta

El concepto de Kundalini, profundamente arraigado en las antiguas tradiciones espirituales orientales, habla de una energía latente y transformadora que reside dentro del cuerpo humano. Kundalini, una serpiente enroscada en la base de la columna vertebral, es una energía poderosa que puede iniciar un profundo progreso espiritual y estados superiores de conciencia cuando despierta. Esta parte se sumerge en las posibilidades ilimitadas de una Kundalini completamente despierta, examinando el viaje de transformación que da, los pináculos de la iluminación espiritual y los enormes efectos que puede tener en la experiencia humana, tanto individual como colectivamente.

El despertar de Kundalini a menudo se compara con el desenrollamiento de una serpiente, ascendiendo a través de los canales de energía sutil conocidos como nadis y, finalmente, llegando a la coronilla de la cabeza, el chakra Sahasrara. Este proceso no es meramente simbólico, sino que se cree que cambia radicalmente la percepción, la cognición y la conciencia. Se cree que una Kundalini completamente despierta otorga estados elevados de conciencia, trascendiendo las limitaciones de la percepción ordinaria y abriendo las puertas a dimensiones expandidas de la realidad.

El viaje del despertar de la Kundalini es un proceso gradual y profundo. A medida que la energía latente comienza a agitarse, las personas pueden experimentar una variedad de sensaciones, desde corrientes de energía sutiles hasta intensas olas de calor o felicidad. La activación de los chakras, los centros energéticos a lo largo de la columna vertebral, corresponde al despliegue de cualidades y capacidades específicas dentro del individuo. Por ejemplo, despertar el chakra del corazón puede conducir a una mayor capacidad de amor, compasión y conexión. Al mismo tiempo, la activación del tercer ojo puede provocar una mayor intuición y perspicacia.

A medida que la Kundalini asciende a través de los chakras, actúa como una fuerza purificadora e iluminadora, disolviendo bloqueos y nudos energéticos que pueden haberse acumulado con el tiempo. Este proceso de purificación física se extiende a las dimensiones mental, emocional y espiritual. La liberación de la energía estancada y la disolución de los viejos patrones abren espacio para el surgimiento de un yo más auténtico e integrado.

Se dice que una Kundalini completamente despierta conduce a un estado de Samadhi, el pináculo de la absorción meditativa y la unión con lo divino. El Samadhi se caracteriza por un profundo sentido de unidad, donde los límites entre el yo y el mundo externo se disuelven. En este estado, los individuos pueden experimentar una comunión directa con lo trascendente, un sentido de unidad con toda la existencia y una disolución del yo egoico. El despertar de Kundalini se considera un vehículo para trascender las limitaciones del ego individual y darse cuenta de la naturaleza esencial de uno como un ser ilimitado e interconectado.

Los estados expandidos de conciencia asociados con una Kundalini completamente despierta se extienden más allá de los confines de la percepción ordinaria. Los individuos pueden reportar experiencias de conciencia cósmica, donde se sienten íntimamente conectados con la inmensidad del cosmos. El tiempo y el espacio pueden perder su significado convencional, y un sentido de eternidad e infinitud puede impregnar la conciencia. Tales experiencias no son meros fenómenos subjetivos, sino que se consideran aspectos intrínsecos de los estados elevados de conciencia facilitados por el Kundalini despierto.

El potencial ilimitado de una Kundalini completamente despierta está intrincadamente ligado a la iluminación o autorrealización. En varias tradiciones espirituales, la iluminación es vista como el objetivo final de la existencia humana: darse cuenta de la verdadera naturaleza de uno y reconocer la interconexión de toda la vida. Una Kundalini completamente despierta cataliza este profundo cambio en la conciencia, conduciendo a los individuos a la iluminación interior, la sabiduría y la liberación del ciclo de nacimiento y muerte.

El poder transformador de Kundalini no se limita al crecimiento espiritual individual, sino que se extiende a la evolución colectiva de la humanidad. La naturaleza interconectada de todos los seres implica que el despertar de Kundalini en un individuo puede contribuir a la conciencia colectiva. A medida que más individuos experimentan el viaje transformador del despertar de la Kundalini, el potencial para un cambio en la conciencia global y un mundo más armonioso y compasivo se convierte en una posibilidad tangible. La Kundalini despierta se concibe como una fuerza que puede disolver los límites divisivos que separan a los individuos y fomentar un sentido de unidad e interconexión a escala planetaria.

Sin embargo, el potencial ilimitado de una Kundalini completamente despierta va acompañado de desafíos y posibles trampas. La intensidad del proceso de despertar de la Kundalini puede dar lugar a trastornos físicos, emocionales y psicológicos, comúnmente llamados el "síndrome de Kundalini". Estas alteraciones pueden incluir sensaciones de calor, movimientos involuntarios, trastornos emocionales y estados alterados de conciencia. Se enfatiza en varias tradiciones espirituales que la dirección de un mentor o instructor experto es crucial para navegar las complejidades del despertar de Kundalini de manera segura.

La preparación adecuada para el despertar de la Kundalini implica una base de prácticas espirituales, una vida ética y un compromiso genuino con la autorrealización. Las tradiciones yóguicas, particularmente aquellas que incorporan Kundalini yoga, proporcionan metodologías sistemáticas para preparar el cuerpo, la mente y el espíritu para el despertar. La integración de la respiración (pranayama), las posturas físicas (asanas), el canto de mantras y la meditación es un enfoque holístico para preparar al individuo para el viaje transformador que tiene por delante.

El concepto de Kundalini no se limita a ninguna tradición religiosa o espiritual en particular. Es un arquetipo universal que se encuentra en varias formas en todas las culturas, simbolizando el potencial latente para el despertar espiritual dentro de cada individuo. La imaginería de la serpiente, presente en el caduceo de Hermes en la mitología griega antigua, la serpiente Uraeus en la simbología egipcia y la serpiente Kundalini en el hinduismo, apunta a la naturaleza arquetípica de esta energía transformadora. El reconocimiento universal de la Kundalini subraya su potencial para salvar las divisiones culturales y religiosas, ofreciendo un marco compartido para comprender el poder espiritual latente dentro de la humanidad.

En conclusión, el potencial ilimitado de una Kundalini completamente despierta es un viaje profundo y multifacético, que abarca la expansión de la conciencia, la disolución de los límites egoicos y la realización de la propia naturaleza esencial. A medida que los individuos se embarcan en el proceso transformador del despertar de la Kundalini, acceden a una fuerza que trasciende el yo individual, contribuyendo a la evolución colectiva de la conciencia humana. Los desafíos y las trampas asociadas con el despertar de la Kundalini subrayan la importancia de una preparación y guía adecuadas. La naturaleza arquetípica de Kundalini resalta su relevancia universal, ofreciendo una comprensión compartida del potencial transformador inherente a la experiencia humana. En última instancia, el despertar de Kundalini es una invitación a explorar los reinos ilimitados de la conciencia, abrazar la naturaleza interconectada de la existencia y participar en la evolución continua de la conciencia individual y colectiva.

CONCLUSIÓN

En conclusión, "Serpiente Ascendente: Una Guía para el Despertar de la Kundalini - Desbloqueando el Poder Interior y la Transformación Espiritual" es un compañero completo y perspicaz para el profundo viaje del Despertar de la Kundalini. Este libro, elaborado con cuidado y experiencia, explora la energía espiritual latente en su interior, guiando a los lectores a través de las complejidades del proceso de despertar. Desde la comprensión fundamental de la Kundalini hasta las técnicas prácticas para desbloquear su poder transformador, el libro electrónico ofrece una hoja de ruta para los buscadores en el camino de la evolución espiritual.

A través de un formato basado en capítulos cuidadosamente estructurado, el libro electrónico cubre muchos temas, incluidas las raíces y los principios de la Kundalini, los ejercicios prácticos y los desafíos potenciales asociados con este viaje transformador. Cada capítulo contribuye a una comprensión holística de la Kundalini, enfatizando sus dimensiones espirituales y su impacto en el bienestar físico, emocional y mental.

La narración entrelaza la sabiduría antigua, las percepciones modernas y la guía práctica, haciendo que el complejo tema de Kundalini sea accesible a los lectores en varias etapas de su viaje espiritual. Ya sea que uno sea un novato que busca una introducción a Kundalini o un practicante experimentado que busca una comprensión más profunda, este libro electrónico reconoce y valora el viaje único de cada lector, proporcionando valiosas ideas y herramientas para desbloquear el poder interior y facilitar la transformación espiritual.

El libro electrónico permite a los lectores embarcarse en su viaje transformador con confianza y conciencia, desmitificando el concepto de Kundalini y ofreciendo consejos prácticos. Enfatiza la importancia de la preparación, la vida ética y la guía de mentores experimentados para navegar por los desafíos y escollos asociados con el despertar de la Kundalini.

A medida que los lectores se sumergen en las páginas de "Serpiente Ascendente", están equipados con conocimiento e inspirados para abrazar el potencial ilimitado que contienen. El libro electrónico se erige como un faro para aquellos que anhelan el crecimiento espiritual, invitándolos a embarcarse en el autodescubrimiento, el poder interior y la profunda transformación espiritual. Con su guía perspicaz y su enfoque accesible, "Serpiente Ascendente" es un recurso valioso para cualquiera que busque desbloquear la energía latente en su interior y atravesar el camino transformador del despertar de Kundalini.

Gracias por comprar y leer/escuchar nuestro libro. Si este libro le ha resultado útil, tómese unos minutos y deje una reseña en la plataforma donde compró nuestro libro. Sus comentarios son muy importantes para nosotros.